北大版中国文化通识教育书系

# 中国古代文学

施国锋 编著

北京大学出版社
PEKING UNIVERSITY PRESS

图书在版编目(CIP)数据

中国古代文学/施国锋编著. —北京：北京大学出版社，2012.8
(北大版中国文化通识教育书系)
ISBN 978-7-301-20943-1

Ⅰ.中… Ⅱ.施… Ⅲ.①汉语—对外汉语教学—教材 ②中国文学—古代文学史 Ⅳ.①H195.4 ②I209.2

中国版本图书馆 CIP 数据核字(2012)第 154622 号

书　　　　名：中国古代文学
著作责任者：施国锋　编著
责 任 编 辑：宋立文
标 准 书 号：ISBN 978-7-301-20943-1
出 版 发 行：北京大学出版社
地　　　　址：北京市海淀区成府路 205 号　100871
网　　　　址：http://www.pup.cn
电 子 邮 箱：总编室 zpup@pup.cn
电　　　　话：邮购部 62752015　发行部 62750672　出版部 62754962
　　　　　　　编辑部 62752028
印 刷 者：北京宏伟双华印刷有限公司
经 销 者：新华书店
　　　　　　　730 毫米×980 毫米　16 开本　12 印张　156 千字
　　　　　　　2012 年 8 月第 1 版　2024 年 1 月第 8 次印刷
定　　　　价：45.00 元

未经许可，不得以任何方式复制或抄袭本书之部分或全部内容。
版权所有，侵权必究
举报电话：010-62752024　电子邮箱：fd@pup.cn

# 前 言

中国古代文学是中国传统文化的精华,其发展的历史与中国的文明史几乎同步,而文学的功能就是反映社会现实,反映人性心理。绵延不绝的中国古代文学的长卷,就是一部色彩斑斓的形象历史,这里风光无限,令人玩味不绝。先秦的《诗经》和《楚辞》就是早期诗歌史上并峙的双峰,先秦的诸子文章和史传文献就是古代散文的滥觞,后起之秀的戏曲、小说,媲美于诗歌、散文,毫无愧色。耳熟能详的唐诗、宋词、元曲、明清小说,代代有其文学之胜。上自先秦,下迄晚清,有三千年之久的中国古代文学,其作家之众多,卷帙之浩繁,着实让人惊叹不已。五千年悠久历史创造出的文学业绩,足以为中华民族留下一份丰厚的精神遗存,供千秋万代的炎黄子孙永远怀想受用,并随着历史的演进泽被世界上更广泛的人群。中国古代文学必将融入未来,张扬其永恒的美。

呈献在读者面前的这本小书,虽然没有冠以中国文学史之称,但无可否认具有文学历史的性质。说起中国文学史,20 世纪初林传甲的《中国文学史》(1910)可谓是中国人编写古代文学史的发轫之作。百年以来,中国文学史的编写长盛不衰,各具特色的中国文学史书籍不计其数。这些书籍的出版给读者学习中国古代文学提供了极大的方便,但是多卷本的中国文学史,容量巨大,枝繁叶茂,对众多的读者来说,其接受的负担之沉重是不言而喻的。这本小书同样展现中国古

代文学的概貌，但与同类书籍相比，显然经过了一番精心的修枝剪叶，使其不失全面，主干突出，简洁明了。全书区区十余万字，但先秦至清末的中国古代文学的全貌一览无余，并在此基础上，对各个历史阶段的文学选择重点进行描述与剖析，点面结合，详略得当，深入浅出。

这本小书的编排还是按照传统的历史方法，描述中国历朝历代的文学演变，线索明晰，既有总体的描述，又有重点的论述；书中注重文学史上代表性的作家和那些脍炙人口的经典作品，把握中国古代文学的精髓，抛砖引玉，引人进入文学的殿堂；全书删繁就简，但不忽略某些细节，尤其是名作名篇的鉴赏，往往寥寥数语，评价精到，启人深思。

这本小书的内容反复选择，精简又精简，力求轮廓凸现，描述语言也是反复筛选锤炼，做到浅切明白。全书在文献的选用上，尽量避免冗长的引文，对于一定要用的文献和相对陌生的专用名词则用脚注形式予以注释，对书中出现的少量冷僻字和难字予以注音。同时书中还配有大量的插图，使读者获得中国古代文学的感性认识。由此读者可以看到这样一本小书：内容丰富，脉络清晰，语言浅近，论述精到，形象鲜明。

本书适合具有中等及中等以上文化程度，且对中国古代文学感兴趣的人阅读，尤其适合在校的大学生及高中学生阅读，从中获取中国古代文学最基本的知识，并由此出发，不断扩大阅读范围，丰富自己古代文学的知识，感受中国文化特有的魅力。本书还可以提供给那些具有中等汉语水平，且希望深入了解中国传统文化的外国人阅读，如果是在中国接受大学文科本科学历教育的留学生，那这本小书是最适合不过了。此外，本书也适合对外汉语教师在教学中用作参考书。

这本小书虽然篇幅有限，但对中国古代文学的发展历史还是作了全貌性的描述，为此在编写过程中，参阅了大量的文献资料和同类的文学史书籍，借鉴和吸收了大量的科研成果，由于为学界熟知，出处就不一一指明了,在此向这些学人们表示衷心的敬意和谢忱!

北京大学出版社对本书的选题、编写以至出版自始至终予以大力支持,尤其是责任编辑宋立文先生更是为本书的审校倾注了大量的心血,使这本小书增色不少。在此谨表谢忱!

由于作者才疏学浅,中国古代文学又博大精深,书中的不足之处在所难免,恳请读者们不吝指正。

施国锋

## 第一章 先秦诗歌 / 1

第一节 《诗经》/ 1

第二节 楚辞 / 6

## 第二章 先秦散文 / 14

第一节 先秦散文概况 / 14

第二节 诸子散文 / 15

第三节 历史散文 / 19

## 第三章 汉代诗歌 / 23

第一节 汉乐府 / 23

第二节 文人五言诗 / 28

## 第四章 两汉史传文 / 31

第一节 司马迁的生平 / 31

第二节 《史记》的文学成就 / 32

第三节 班固与《汉书》/ 35

## 第五章 魏晋南北朝诗歌 / 37

第一节 建安诗歌 / 37

第二节 正始诗歌 / 42

第三节 西晋诗歌 / 45

第四节 陶渊明的诗歌 / 48

第五节 南北朝诗歌 / 49

第六节 南北朝乐府民歌 / 51

## 第六章 唐代诗歌（上）/ 53

第一节 初唐诗歌 / 53

第二节 盛唐诗歌 / 57

第三节 李白 / 63

## 第七章 唐代诗歌（下）/ 67

第一节 杜甫 / 67

第二节 中唐诗歌 / 69

第三节 晚唐诗歌 / 78

## 第八章 唐代古文 / 82

第一节 唐代古文的先声 / 82

第二节 韩愈的散文 / 83

第三节　柳宗元的散文 / 87

第四节　晚唐小品文 / 90

## 第九章　宋词 / 93

第一节　宋词的前奏 / 93

第二节　北宋词 / 96

第三节　南宋词 / 103

## 第十章　宋代诗文 / 110

第一节　宋代诗歌 / 110

第二节　宋代散文 / 118

第三节　欧阳修的散文 / 120

第四节　苏轼的散文 / 123

## 第十一章　元曲 / 127

第一节　元曲概说 / 127

第二节　元代散曲 / 129

第三节　元代杂剧 / 132

## 第十二章　明清诗文 / 140

第一节　明代诗文 / 140

第二节　清代诗文 / 145

## 第十三章　明清小说 / 154

第一节　中国小说的起源和发展 / 154

第二节 明代小说 / 156

第三节 清代小说 / 165

## 第十四章 明清戏剧 / 172

第一节 明代戏剧 / 172

第二节 清代戏剧 / 176

# 第一章 先秦诗歌

## 第一节 《诗经》

### 一、《诗经》概说

《诗经》是中国最早的一部诗歌总集。这个集子里的诗歌创作于西周初年到春秋中期（前11世纪—前6世纪），从那时以后，这些诗歌开始流传开来。《诗经》原来的名字叫《诗》或者《诗三百》，到了汉代，儒家学者把它看作是经典，所以称作《诗经》。《诗经》是怎样编成一部集子的，在先秦的古籍中没有明确的记载。据说周朝有专门采集诗歌的人，他们到全国各地采集诗歌，再汇集到朝廷，从而让朝廷知道那些地方的民情风俗。那时采集到的诗歌超过三千首，传说经过孔子的删订，只保留了三百零五首。这就是我们现在看到的《诗经》。

《诗经》与音乐的关系十分密切，孔子曾经说过："吾自卫反鲁，然后乐正，雅、颂各得其所。"[①]这句话的意思是孔子为《诗经》做过整理工作。司马迁也说过："三百五篇，孔子皆弦歌之。"[②]因此，我们可以这样说，《诗经》中的诗歌都是可以入乐歌唱的。它所收集的诗章就是根据音乐的不同而分作《风》、《雅》、《颂》三部分。"风"是带有地方色彩的音乐，"国风"就是列国的土风歌谣，《风》共有

---

[①]《论语·子罕》。
[②]《史记·孔子世家》。

十五"国风",诗歌有一百六十首。"雅"是正声,即周王朝直接统治地区王畿(jī)一带的音乐,《雅》包括《大雅》、《小雅》两部分,诗歌有一百零五首。"颂"是祭祀舞曲,《颂》包括《周颂》、《商颂》、《鲁颂》三部分,诗歌有四十首。

二、《诗经》的内容

《诗经》中的《风》是这部诗歌总集中最有现实气息的诗歌。在这些诗歌里,对上古时期的现实生活作了生动的描绘。《风》的主要内容是:有些诗歌展现了当时的社会生活和生产劳动的场景;有些诗歌反映了兵役和劳役给民众带来的痛苦;有些诗歌讽刺了部分官员腐败无耻的生活;有些诗歌则描绘了那时的爱情婚姻生活。《风》有十五国风,也就是说,那些诗歌从十五个不同的地区采集而来。因此,可以这样说,地域的广泛性,决定了它内容的丰富性,是整部《诗经》中最精彩的部分。

《诗经》的时代离现在很遥远,但通过《风》中保留下来的诗歌我们可以了解那个时代的真实生活。《豳(bīn)风·七月》是《国风》中最长的一首诗歌。在这首古老的农事诗里,记录了上古先民一年四季所从事的农业劳动,全面反映了当时的农业生产情况。

《国风》中反映爱情婚姻生活的诗篇最集中,艺术成就也最高。这类诗歌或歌唱男女之间相悦相思之情,或赞誉对方的风采容颜,或描述男女幽会时的情景,或嗟叹弃妇的不幸遭遇。《关雎(jū)》在《国风》中排列第一。这是一

《诗经》

首地地道道的爱情诗，描写了一名男子在遇到一位采荇（xìng）菜的女子后油然而生思慕之情，不由得发出"窈窕淑女，君子好逑"的心声，并展开了对爱情的不懈追求，表达了一种争取美满婚姻的愿望。《汉广》是一首男子求偶失望的诗。全诗皆用比喻和暗示。"南有乔木，不可休思。汉有游女，不可求思"，即是比喻。乔木不可休，游女不可求，实际是比喻所求之女不可得。《子衿》是一首女子等候情人的诗。诗中一女子来到相约之地等候情人，却久等不见其如约而来。末章"挑兮达兮，在城阙兮。一日不见，如三月兮！"即是她烦乱情绪的写照。爱情大多真挚美妙，婚姻却难免会结出难以意料的苦果。《诗经》中的《氓（méng）》和《谷风》是两首著名的弃妇诗。在《氓》这首诗中，叙述了一名女子从与人恋爱到结婚以至被抛弃的全过程。那个男子在恋爱时殷勤备至，可婚后不久，就卸下了他笑嘻嘻的面具，开始奴役自己的妻子，直至无情地抛弃了她。这首诗歌描写了一出上古时期的婚姻悲剧。

《国风》中描写当政者腐败丑恶的诗篇，具有政治批评的意义。总体而言，这些诗歌反映了下层民众对当政者的不满，乃至憎恨情绪。《伐檀》、《硕鼠》两诗最为著名。《伐檀》是一群伐木工人在河边砍伐木材时唱出的歌。他们辛勤干活，终日劳累，却无衣无食，而那些所谓的"君子""不稼不穑"、"不狩不猎"，家里粮食、猎物却应有尽有。诗中伐木工人对这种不劳而获的现象进行了严正的责问和尖锐的讽刺。

《雅》有《小雅》和《大雅》之分。《大雅》共有三十一篇，大多数是王室贵族和朝廷官员以及乐官等所写的歌颂周王朝的诗篇，用于诸侯朝会。《小雅》共有七十四篇，大多数诗篇出于贵族统治集团中的人物之手，用于贵族宴享。

《小雅》中的少数诗篇来源于民间，它们与《风》的风格如出一辙，或写饥寒之苦，或写征夫之劳，叙事生动，描写细腻。《采薇》是一首写戍边兵士的诗。诗的末章写有"昔我往矣，杨柳依依，今我来思，雨

雪霏霏"的诗句，融情于景，以乐景写哀，哀景写乐，倍增其哀乐，写出了戍卒久役将归的又悲又喜的真实情感。《大雅》中有五篇周人史诗极富价值，它们是：《生民》、《公刘》、《绵》、《皇矣》和《大明》。这些祭祀诗所涉及的历史，跨越了整个周族从产生到壮大再到立国的一个漫长时期，诗歌中有些人物和事件的发生远在有史记载之前，因此在写定这些长期流传的部族故事中，带有早期神话传说中所特有的想象成分和传奇色彩。其中，《生民》记述了周朝始祖后稷创业的艰辛过程。相传后稷是农业的发明者，在描写他的故事中就充满了神话色彩，反映了周人对这一传奇人物的热爱。

《颂》包括《周颂》、《商颂》、《鲁颂》三部分。周朝初年，神灵观念在周人那里还非常浓厚，他们需要抬高天神的威望和祖宗的地位，祭祀礼乐成为首当其冲的重要部分。在载歌载舞的祭神颂宗活动中，祭祀歌曲自然而然就产生了，它们集中收入在《诗经》"三颂"中的《周颂》里。这些宗庙祭祀诗重在歌颂祖先的文治武功，赞美他们的美德善行。如《维天之命》是一首祭祀文王的诗歌，诗中对文王给周人开创基业盛赞不已，感激不尽。

### 三、《诗经》的艺术成就

《诗经》的艺术成就首先是它的现实主义创作精神。《诗经》中超过三分之二的作品是以当时的现实生活为写作素材的，它们真实地反映了当时五百多年间的社会生活状况，细腻地描绘了当时普通民众的思想活动和感情世界。后人因此把它们概括为"饥者歌其食，劳者歌其事"[①]。《七月》是《国风》中最长的一首诗歌，是一幅三千年前农村生活的历史画卷。全诗以时序为线索，分成八个章节，铺叙了男女奴隶们一年到头忙碌的劳作，他们采桑、绩麻、耕作、狩猎、修缮房

---

① [东汉] 何休《春秋公羊传解诂》。

屋、纳冰于窖，几乎无所不做，而那些不劳而获的"公子"却可以肆无忌惮地玩弄年轻的采桑女子，并在岁末接受这些劳动者"万寿无疆"的恭贺。这首诗为人们认识当时农家的艰辛提供了最真实的形象材料。对于当时普通民众悲欢离合的爱情和婚姻生活，《诗经》也融入了对现实生活的真实体验，以现实主义的创作态度，活灵活现地展示了男女之间的感情世界。可以这样说，《诗经》中反映现实的方面和层次很丰富，涉及到社会生活的各个领域，这与《诗经》的写实精神密不可分。

其次，《诗经》采用了多样的艺术手法。《诗经》以古朴的四言诗为主，其艺术手法最常用的是赋、比、兴。《风》和《小雅》多用"比"、"兴"手法，《大雅》和《颂》用得较多的是赋。"赋"就是直接叙事，或抒情，或描写。《采薇》就是用"赋"的手法写成的。"比"即比喻。《诗经》中采用这种手法的诗篇比比皆是。《氓》一诗中用桑树从繁茂到凋落的变化来比喻爱情的盛衰。"比"有明喻、暗喻、借喻，手法多种多样。"兴"是指借用别的事物来作为诗的开头，以引出所要歌咏的对象。"比"和"兴"有时交叉使用。《汉广》一诗的前二句用"乔木"起兴，又使用暗喻，以此写出游女如"乔木"那样尊严庄重，是不可求得的。

再次，《诗经》的诗歌语言是优美的。《诗经》句式整齐，声调和谐，具有极高的审美价值。《诗经》的句式基本上以四言为主，结构常采用叠章的形式，各章词句基本相同，每章只需更换一两个字以表示事物发展的顺序和过程。这种分章叠咏、词句复沓的表现手法，能形成一种一唱三叹的艺术效果。《诗经》中更值得注意的是，常常使用双声、叠韵、叠字、叠句的手法。《关雎》中的"参差"就是双声，"窈窕"就是叠韵。

## 第二节　楚辞

### 一、楚辞的产生

楚辞是南方楚国以屈原为首的诗人运用另一种诗体写成的诗歌，它是《诗经》之后中国古代诗歌的又一座高峰。

西汉的刘向曾经编写过《楚辞》一书，收录的作品最为完整。这种新型的诗歌是在楚文化的土壤中酝酿出来的。楚民族性格活泼，爱好音乐舞蹈，民间盛行巫风，在祭祀鬼神时一定要唱巫歌，于是产生了以巫文化融合华夏文化为基础的楚文化。这种文化与中原文化相比，表现出充满奇异想象和浪漫激情的巫文化特征。在楚国，上自楚王，下至百姓，都相信鬼神，喜欢祭祀，把人间的一切活动告知鬼神，祈求鬼神降福于他们。如此浓厚的巫风自然充斥着迷信的成分，但其中大量神奇瑰丽的神话传说，不仅给文学创作提供了丰富的素材，而且也启发着诗人们的想象。可以这样说，楚文化的特征决定了楚辞文学的基本倾向，具体表现为层出不穷的奇特想象和奔放不羁的浪漫激情。当然，中原文化的流入，在楚辞的价值取向上也起到了不可忽视的影响作用。楚辞的形式可以从楚地民歌和巫歌中找到它的源头，同时，《诗经》的四言形式和比兴手法也对楚辞这一新诗体的诞生起到了催生作用。待到战国后期，以屈原为首的楚国文人作家的出现，才使楚辞正式进入了文学殿堂，并使之熠熠生辉。

### 二、屈原的生平

屈原（前340—前278），名平，出生于楚国的贵族之家，与楚王同姓。他的生平一般从司马迁《史记·屈原贾生列传》中获悉。其中有这样一段著名的评价："博闻强志，明于治乱，娴于辞令。入则与王图议国事，以出号令；出则接遇宾客，应对诸侯。"这说明屈原在从政初期，身居要职，受到楚怀王的高度信任，能左右国家的政策，可以施展他匡世济民的雄才大略。然而，屈原在做官的道路上并不是一帆风顺的，而是充满了波折。当他踌躇满志之时，他的政敌上官大夫等向他发难，在楚怀王面前极力诋毁他。楚怀王又是一个昏君，开始疏远屈原，而屈原又不肯委屈自己，最后丢掉了官职，离开了楚国的权力中心。从此以后，屈原的政治命运越发险恶。前后两次遭到放逐，一次被楚怀王放逐到汉北，一次被顷襄王放逐到江南。第二次放逐后，屈原一直过着颠沛流离的囚徒生活，可是他依然坚持理想，不肯放弃。公元前278年，秦国的军队攻陷楚国的郢（yǐng）都，烧毁了楚国先王的陵墓。流放中的屈原得知亡国的消息，极其愤懑，理想破灭了，又走投无路，就自沉汨（mì）罗江，含愤离开了这个世界。这一天可能是农历五月初五，后来人们就把这一天作为纪念屈原的日子。

屈原

### 三、屈原的作品

屈原的作品，《汉书·艺文志》著录为二十五篇，东汉王逸的《楚辞章句》也确定屈原作品为二十五篇，包括《离骚》、《九歌》十一篇、《天问》、《九章》九篇、《远游》、《卜居》、《渔父》。另有一篇《招魂》，司马迁认为是屈原的作品，王逸则定为宋玉的作品，在汉代人们的看法已不一致。屈原政治上是失败了，但文学上的成功"与天地兮（xī）

同寿，与日月兮齐光"①。正如李白所言："屈原辞赋悬日月，楚王台榭空山丘。"②

1.《离骚》

关于《离骚》的创作，司马迁在《史记·屈原贾生列传》中曾指出："屈平疾王听之不聪也，谗谄之蔽明也，邪曲之害公也，方正之不容也，故忧愁幽思而作离骚。"从这段话知道，《离骚》是屈原失意之后创作的，至于具体创作时期，有人认为是屈原第一次放逐时所作，也有人认为是第二次放逐时所作。《离骚》是屈原的代表作，也是中国古代最长的政治抒情诗。全诗长达三百七十三句，有二千四百七十七字。

《离骚》

---

① 屈原《九章·涉江》。

② 李白《江上吟》。

在《离骚》这首长诗中，屈原以浪漫奇特的构思和深沉悲愤的激情，结合自己的身世遭际，塑造了一位血肉丰满的抒情主人公形象，表现了丰富深刻的思想和卓越精湛的艺术。诗中的主人公就是现实中的屈原，因此，《离骚》一诗可以看作是屈原的自叙。

根据《离骚》的基本内容，可以分为前后两个部分：从开头至"岂余心之可惩"为前半部分，内容主要是回顾过去的经历，以描述现实为主；后半部分的内容主要是用幻想的方式，探索未来的道路。

《离骚》的前半部分，屈原从叙述家世、宗族、生辰、禀赋着手，对自己美好而崇高的人格进行了多方面的展示。诗人既强调自己是楚王的同姓之臣，显示自己高贵的身份，又表示对楚国的兴亡负有义不容辞的责任。由此出发，诗人及时修养自身，培养品德，锻炼才干，为国效力；但楚国政坛上的奸臣只顾苟且偷安，追逐名利，并且压制和扼杀屈原对美好理想的追求。尤其是昏君楚怀王反复无常，令屈原痛心疾首，但楚怀王是楚国的象征，屈原总是对他怀有幻想，屈原本身也有一颗炽热的爱国之心，因此，屈原对自己的理想坚持不懈，至死不渝。

诗的后半部分，诗人首先假设了"女媭（xū）"对自己的好心规劝，可诗人不听劝说，继续向传说中的舜帝陈述他的治国之道，并希望以此挽回楚国衰败的局势。他在想象中开始了他驱使众神、上下求索的漫漫征程。诗人上扣天关，帝阍（hūn）却拒之门外；下觅佚女，却无媒难适。屈原在万般无奈之际，请灵氛为他占卜，听巫咸为他指路。诗人在去留之间矛盾重重，希望去遥远的境界游历，但心中对楚国的眷恋又难于割舍。最后，绝望中的屈原只得以身来殉自己的理想。

《离骚》在艺术上具有鲜明的特色。其中最大的特色是全诗闪烁着强烈的浪漫色调。具体表现在三个方面：用比兴手法集中而夸张地描写抒情主人公的高洁；塑造一系列神灵形象，陪衬主人公；描绘瑰丽奇幻、缥缈迷离的境界。上述比兴手法的运用、幻想中神灵的再造和

奇幻境界的展现，有力地揭示了诗人内心的悲愤和对理想的执着与追求。第二个特色是成功地塑造了抒情主人公的悲剧形象。诗人在诗中追忆、彷徨、怅恨、愤激，以至长歌当哭，以死明志，这个富于个性的悲剧形象令人钦佩和崇敬。《离骚》具备严整细密的艺术结构，这也是它的一个重要特色。长诗既有对奇幻境界的描绘，又有对现实遭遇的叙述，既有陈述志向的议论，又有自身情怀的抒发，内容丰富，头绪繁多，但诗人写得有条不紊，紧凑严密。

2.《九章》

《九章》是屈原的九篇诗作，即《惜诵》、《涉江》、《哀郢》、《抽思》、《怀沙》、《思美人》、《惜往日》、《橘颂》、《悲回风》的总名。这些诗篇揭露了楚国政治的腐败，表现了遭受迫害的痛苦情怀、怀念故都的焦渴心情，以及至死不变的高尚节操。总的说来，这些诗篇的浪漫成分渐趋薄弱，大多以正面抒怀、直抒胸臆为主，显示出明显而强烈的现实性。《橘颂》一诗，诗人采用拟人和象征手法，歌颂和赞美橘树的美好品德。在这理想化的橘树上，寄托着诗人对高洁品格、坚定节操的崇敬和向往。这首诗对咏物诗的形成也起到了开创性的作用，后世成熟的咏物诗由此演变而成。《涉江》作于屈原放逐江南途中，诉说了自己渡江南行的经历，故名"涉江"。这首诗是屈原作品中记述自己经历最现实具体的一篇，从诗中可以知道当年屈原渡江的大致行程。诗中还通过写景、记行、状物处处含蓄地表达自己的感情，创造出一种感染力极强的抒情氛围。它与《哀郢》、《怀沙》等篇一样，都是屈原放逐期间的诗作，是屈原流放生活的真实写照，也是研究屈原生平活动的重要材料。

3.《九歌》

《九歌》是一组祭神用的乐歌，共十一篇，包括《东皇太一》、《云中君》、《湘君》、《湘夫人》、《大司命》、《少司命》、《东君》、《河伯》、《山鬼》、《国殇（shāng）》、《礼魂》。对这组组诗的研究，学术界时至今日还没有取得一致看法。一般认为,《九歌》是屈原根据民间的祭歌改写而成的,前十篇各祭一神,最后一篇是送神曲。诗中既有超人间的神,又有现实中神化了的人,尤其用细微的心理刻画凸现个性化的神灵性格。组诗中的大司命、少司命、湘君、湘夫人、河伯、山鬼都不同程度地具备了自己的个性特征。其中,《山鬼》是一出独角戏,角色是巫山神女。这位神女与人间的一位公子曾经有过热烈的幽会,就倾心相许,日日盼望情人的到来,谁知公子薄情寡义,竟失信于她。诗中描摹了神女由相思转而幽怨、由怀疑进而忧伤的心理过程,充满了现实生活的气息,表面上是写神女,其实是人的生活和情感心理的浪漫展现。《国殇》是祭祀阵亡将士的乐歌,在《九歌》中颇为特殊。它不再是写神,而是直接写人间有血有肉的人。诗中描绘了一场敌众我寡、以失败告终的战争。诗人用刚健的笔触渲染激烈的战斗场面、战士们英勇斗争的壮举,由此写出了将士们视死如归、不可凌辱的崇高品格。

4.《天问》

《天问》全诗长达三百七十余句,一千五百余字,是屈原作品中仅次于《离骚》的长诗。《天问》中的"天"不仅指自然现象,也指社会现实,如同现在所谓的"客观世界"。"天问"就是诘问天下的一切。它就天地开辟、日月运行,乃至社会历史生活事件以及有关的神化传说,连续提出了一百七十多个问题。从屈原的生活经历看,他放逐以后,流落民间,忧心郁结,各种疑难频频涌上心头,久蓄必发,于是诗人仰天呼叫,提出质疑。这些疑问的提出,充分表现了诗人对传统观念的批判态度和对事物本源的探索精神。《天问》一诗,除富有文学价值外,还具有自然科学、神话和古代历史的研究价值。在形式上,它以四言为主,又吸收了先秦散文句式的特点,显得参差利落,圆转活脱,没有一点单调的感觉。

5. 屈原作品的价值

屈原的诗歌在许多方面都具备开创性的意义:

在诗风上,屈原开创了第一个浪漫主义诗歌流派。虽然《诗经》中的某些诗章也有作者的奇特幻想,但不能改变一部《诗经》现实主义的基调。直到屈原的出现,才真正开辟了中国浪漫主义诗歌流派的先河。

在诗体上,屈原完成了第一次诗歌形式的解放和改革。屈原的作品以六言、七言为基本形式,夹杂用五言、八言等,在诗句的不同位置上加一个楚地方言"兮"字,从而在《诗经》四言的基础上,进行了一次大变革,吹响了诗体改革的第一声号角。

在诗的类型上,屈原进行了第一次诗歌创作多样化的探索。屈原的诗歌是以浪漫主义为基调的抒情诗,但在具体作品的表现上毫不雷同。他的诗作呈现出浪漫、写实、咏物等不同类型,成为后世文人创作的楷模。

在诗的创作上,屈原是第一位汲取民间创作经验、丰富提高自己表现艺术的诗人。民间文学是文人文学发展的先声,屈原的诗歌从楚国的民歌中摄取了丰富的营养,才让楚辞登进了文学的大雅之堂。后世文人效法屈原,同样取得了不同凡响的成就。

### 四、宋玉和《九辩》

屈原稍后的楚辞作家,还有宋玉、唐勒、景差等。三人中,唐勒、景差限于资料,无法评论。提及他们,只是说明屈原之外,楚国还有一群其他的楚辞作家。这些作家中,宋玉最为著名。他的生平情况,虽然在一些书籍中有记载,但未必可靠。据说他是屈原的弟子,性格比较柔弱。宋玉的作品,在几本书中也有载录,但究竟是否归属他,还有争议。

《九辩》一诗,公认是宋玉的作品,这是一首政治抒情长诗,共二百五十五句,抒写了诗人生不逢时的感慨,对政治腐败、社会黑暗也给予了揭露。《九辩》的创作手法,语言句式多有模拟屈原作品的痕迹，但是仔细揣摩，自有其艺术上的创造性。《九辩》首段描写悲秋中的哀愁，最为脍炙人口。这一段中，诗人着力描绘秋天的自然景象，渲染萧瑟凄怆的气氛，把诗人凄凉悲切的情怀有机地融为一体，创造了高远悲凉的意境，从而开启了中国古代文人悲秋伤怀的传统。宋玉因其《九辩》在艺术上的成功，得以屈宋并称，在楚辞作家群中占有重要的一席。

 思考题

1. 简述《诗经》的主要内容。
2. 《诗经》的艺术成就是什么？
3. 屈原的主要作品有哪些？
4. 简述《离骚》的主要内容及其艺术特点。
5. 屈原作品的开创意义是什么？

# 第二章　先秦散文

## 第一节　先秦散文概况

春秋战国（前770—前221）时期，是中国历史上的一个大变革时代。当时的"士"，即现在所谓的知识分子，在这样一个时代里，思想空前活跃，因为各种学问不再是统治者的专利了，而各诸侯国为了加强自己的统治，内修国政，招募人才，使知识分子的社会地位不断上升。这些知识分子在当时都是精通各种学问的专家学者，无论天文、历算、农医、政治，还是外交、军事、哲学，都在他们的掌握之中。为了宣传他们的学问专长，他们纷纷著书立说，并到处游说讲学，由此造成这一时期"百家争鸣"的局面。这对于中国古代散文的发展，具有十分重要的意义。当时学派林立，作品众多，在中国古代散文史上首次出现繁荣和兴盛的局面。但所谓"诸子百家"，不过是说派别之多罢了。从现在看来，先秦诸子中，对后世具有长远影响的，主要是儒、墨、道、法等几家，他们的著作展现了这一时期中国早期散文的风采。

中国古代的散文，原本都有一定的实用目的，诸子散文是如此，史官记录历史事实的史书也是如此，其实用性是先于文学性的。中国是一个很重视历史的国度，很早以来一直有这样的传统。《汉书·艺文志》中有这样一段话："古之王者，世有史官，君举必书，所以慎言行，昭法式也。左史记言，右史记事，事为《春秋》，言为《尚书》，帝王靡不同之。"这段话说出了中国自古重史的传统,又说明了众多的史官和史籍,其功用又是各不相同的,具体安排是,左史记言,右史记事。从文体分类来看,记言的史书属于记言体,记事的史书属于记事体。按照这个标准,先秦史书中,记言以《尚书》为代表,包括《国语》、《战国策》等书,记事以《春秋》为代表,包括《左传》及其他《春秋》类史书。

## 第二节 诸子散文

### 一、《论语》

《论语》是儒家的经典著作,由孔子门人及其再传弟子编撰而成。这本书记录了孔子有关政治、伦理、教育、文学等各方面的言论。孔子思想的核心是"仁"和"礼",《论语》一书中一百零九次讲到"仁",七十六次讲到"礼"。《论语》是早期语录体散文,共二十篇,每篇又分若干章。从文学角度看,"格言化"是本书最大的特点,"温故而知新"、"三人行,必有我师"、"学而不厌,诲人不倦"、"人无远虑,必有近忧"等格言,至今仍具有很强的教育意义。它还注重形象说理,如"岁寒然后知松柏之后凋也"。《论语》

孔子

以记言为主，但由于语言精辟生动，加之有记事和描写，在某些场面，人物的性格还是鲜明的。例如《先进》章中，写孔子与弟子子路、曾皙、冉有、公西华在一起，令他们各言其志，弟子们纷纷表述自己的志向。子路的鲁莽；冉有、公西华的谦逊；曾皙的超脱，各人的性格都在比较、对照中显出。这一段在《论语》中算得上是精彩的篇章。

### 二、《墨子》

《墨子》是墨家的代表著作，汉代有七十一篇，现存五十三篇。墨家的创始人墨翟，是春秋末年战国初期的平民思想家，他的门徒也多半来自民间，因此，这派学说能较多地反映下层民众的思想感情。墨子的思想与儒学相对立，如主张"兼爱"，反对儒家从宗法制度出发的亲疏尊卑之分；提出"非攻"，反对各国之间以掠夺为目的的战争；要求"节葬"、"节用"，反对奢华的生活方式以及礼乐制度等。《墨子》较《论语》的语录体有了显著的发展，具有系统性的论辩内容。《论语》多作论断而不作论证，而《墨子》是在提出论题后进行论证，并且论证通常从具体事例引出议论，进行归纳推理，使说理不再枯燥，形象性、生动性得到增强。如《非攻》篇中先从小偷窃人桃李、犬豕、鸡豚（tún）入手，环环相扣，最后归结到"今至大为不义，攻国，则弗知非，从而誉之，谓之义，此可谓知义与不义之别乎"，就此切入"非攻"主题，条理清楚，注重逻辑推理。就此而言，《墨子》在中国散文史上有不可忽视的地位。

### 三、《孟子》

《孟子》是《论语》以后又一儒家经典著作，为孟轲（kē）与其弟子合著，共七篇。孟子主张行"仁政"而王天下，而"民为贵，君为轻"则是他仁政学说的思想基础。孟子的散文与《论语》不同，因为他本人直接参与了撰写，因而能够在书中直接表述他的思想与情感。他的为人也不像孔子那样深沉庄重，而是自傲自负，锋芒毕露，跟别人言辞交锋，必欲争胜。所以他的文章不仅从逻辑上说明道理，还带有强烈的感情色彩。他写的文章坦荡无阻，一吐为快，加之使用层层叠叠的排比句式，就使他的散文富有气势，如长河大浪，磅礴而来，咄咄逼人。这是《孟子》散文的一个显著特点。《孟子》的文学性，还表现为借助形象说明道理，或比喻，或故事，或寓言，使文章妙趣横生。《孟子·梁惠王章句上》齐桓、晋文之事是一篇系统阐述孟子行王道，施仁政的文章。在与齐宣王的对话中，孟子从小事入手，启发齐宣王的仁爱之心，要"保民而王"，不可以武力称霸。他自始至终掌握齐宣王的心理变化，一擒一纵地展开论辩，并巧用比喻，说服对方。《孟子》是感性和理性的结合，对喜欢在说理中包含个人情感的作家，成为绝好的典范。

### 四、《庄子》

《庄子》是道家的经典著作，由庄周与他的弟子合著而成，现存三十三篇。庄子的思想，是老子思想的发展，故并称为"老庄思想"或"道家思想"。这种思想与儒家积极进取的入世思想正好相反，主张与社会疏离，并追求一种绝对自由。《庄子》的首篇是《逍遥游》，从思想上或艺术上讲都是庄子的代表作，主要说明庄子追求绝对自由的人生观。从这篇文章中，也可以领略到《庄子》散文的一个显著特点，那就是奇特而丰富的想象。如开始

庄子

的一段，什么大鹏小雀、草虫树石，皆出人意表地汇集在一起，为他追求的至大快乐作铺垫。《庄子》文章的结构奇特无比，似乎并不严密，给人以行所欲行、止所欲止、千变万化、任意起落的感觉，但看他的思路却是清晰的；《庄子》的句式富于变化，或顺或倒，或长或短，显得十分自由；《庄子》的词汇异常丰富，足以细致描写，传情达意。上述《庄子》的特点，都显示了其散文的美感与独创性，较之其他各家，艺术成就最高，在先秦诸子中最富文学性。它那种以个人精神自由为中心的思想和与之相关联的富于想象力和创造性的文学风格，对后世许多大作家的影响是巨大的。

### 五、《荀子》

《荀子》全书二十卷，共三十二篇。作者荀况是先秦儒家的最后一位大师，但他并不拘泥于孔子的学说，兼融儒、墨、道、法、名等各家思想，呈现开放姿态。他的"人定胜天"思想、"人性恶"学说、无神论观点等都是人所共知的。荀子的文章大多是关于社会政治、伦理、教育等方面的长篇专题学术论文，论点明确，论断缜密，结构严谨，风格朴实；善于运用自然界和日常生活中的事例作为论据，巧譬博喻，反复论证；语言简练，多用铺陈手法和排比句式，整齐流畅。总的来说，《荀子》说理性强，是成熟的说理文。其中，《劝学》就是一篇绝妙的文章。它开宗明义，指出"学不可以已"，而后广取譬喻，用整齐的排比语句和铿锵和谐的语言，展开层层论说，自然而然地得出结论。

《荀子》中还有一组称为《赋篇》的文章，共有《礼》、《知》、《云》、《蚕》、《箴（zhēn）》五篇。体式为问答体，对研究汉赋的渊源有一定的价值。另外，还有一篇《成相篇》，用民间歌谣的形式宣传其政治思想，是研究古代民谣的珍贵资料。

## 六、《韩非子》

《韩非子》为法家代表人物韩非的著作，共五十五篇。全书主要阐述法治思想，提出法、术、势相结合的政治思想体系。他的文章逻辑严密，精于分析，条理清晰，喜欢把道理说得非常透彻，一层一层地铺展。他为人自信，思想尖锐，所以文风锋利无比，语气坚决而果断；在说理文章中，更善于借用故事与寓言，如"滥竽充数"、"守株待兔"等，使深刻抽象的道理得以形象而巧妙地体现。《五蠹（dù）》是其中的名篇，它根据古今社会变迁的实际情况，论证了法治的合理，指斥儒家、纵横家、游侠、侍臣、工商是社会的五大蛀虫，而主张善待从事农耕与为国而战的民众。

## 第三节　历史散文

### 一、《尚书》、《春秋》

中国古代史学发达，很早就产生了可以光照千古的史学著作。《尚书》和《春秋》就是两部最早的历史散文。

《尚书》是记言体史书的代表，也是中国现存最早的一部史书。"尚书"的意思就是上古之书，先秦时以单篇行世。今本《尚书》分为《虞书》、《夏书》、《商书》、《周书》四个部分。《尚书》在汉代被尊为"书经"，因秦始皇"焚书坑儒"，使汉代流传的《尚书》有今、古文之分。现存《尚书》共五十八篇，除三十三篇为今、古文《尚书》共有之外，其余则据说是古文《尚书》。《尚书》属于古代记言体史书，实际也是早期国家行政文书的汇编。这些记言体文书有两个基本特点：一是从文体分类来看，因为它们的内容和用途不一，因而被分为典、谟（mó）、训、诰（gào）、誓、命等；二是不同体制的文章，内容基本反映了那个时代的思想特点和行政文书的体制，也符合说

话人的身份，很富于文学色彩。

《春秋》是记事体史书的代表，原来是上古各国史书的通称。现在传世的《春秋》，是孔子根据鲁国史料编纂的一部编年史。《春秋》的记事开始于鲁隐公元年（前722），结束于鲁哀公十四年（前481），简要记载其间二百四十二年中的历史大事，可以说是"春秋大事记"。《春秋》记事，简洁而谨严，有条而不紊。一般说来，它的记事是以何年、何月、何日、何地或何人、发生了何事、有何结果为先后顺序而记叙，条理清晰，简单明了。同时，《春秋》记事的用语简要、凝练。与《春秋》相关的，是所谓的"《春秋》三传"：《左传》、《公羊传》和《穀梁传》。

## 二、《左传》

《左传》，又名《春秋左氏传》。在中国古代，对经书的讲解称为"传"。《左传》即是对《春秋》这部经书的讲解。它以《春秋》的经义为纲，以《春秋》的编年为序，采集其他史料，加以补充，重点在于记事。它的作者，据说是左丘明。《左传》首先是一部历史著作，它是中国第一部叙事详备的编年体史书，记录了整个春秋时代（前722—前468）共二百余年的历史，比《春秋》的叙事编年多出十三年。它广泛采用了当时的口头史料和其他史籍，记叙了春秋时代的各种社会生活，具有强烈的民本思想和进步因素，语言上也充分显示了辞令之美。

从文学角度看，《左传》则又是一部杰出的散文集，有很高的文学价值。首先，《左传》已开始注意人物形象的塑造，善于用语言、行动来表现人物，尤其善于用一些细节描写来突出人物的个性特征。在《左传》中，人物有三千之多，恰似一条人物形象的系列画廊。在这里，有明君贤臣的形象，也有昏君奸臣的写照，及其他各色人物，往往写得声情逼肖，极富个性。例如晋公子重耳出亡及返国的经过，时间跨度很长，情节也复杂多变，但故事的主角重耳的性格写得非常鲜明，而且还写出了性格的前后发展变化。其次,《左传》擅长描写战争。它善于精心剪裁历史资料,往往不着重描写战争场面,而是先写战争的性质和起因,然后叙述双方战前准备以及外交活动等,这样就把战争置于更为广阔的社会背景之中。在《晋楚城濮(pú)之战》中,即描写了晋、楚争霸的第一次大战役,充分显示了《左传》描写战争的大手笔。再次,《左传》中的外交辞令写得十分出色。在两个方面给人以深刻的印象:一是外交辞令委婉中含有威力,即所谓柔中带刚,绵里藏针;二是外交辞令中往往赋诗言志,既文雅又委婉。

### 三、《国语》

《国语》是中国第一部按国别记事的史书。全书共二十一篇,分别记载了周、鲁、齐、晋、郑、楚、吴、越八国的部分史实。《国语》的文学特色是:第一,记述史实,偏重记言,所述各国史实大多通过历史人物的言论、彼此对话或互相辩难来表现,人物形象由此见出;第二,文字简练,逻辑严密,文采虽逊色于《左传》,但也有情文并茂之作,如《召(shào)公谏厉王弭(mǐ)谤》一文,召公向周厉王提出的问题十分尖锐,但表述委婉恳切,比喻通俗形象,"防民之口,甚于防川"一句,发人深省,富有文采;第三,记事虽简略,但少数篇章叙事完整,记事与记言并重,言为事发,顺理成章。

### 四、《战国策》

《战国策》是战国时代的史料汇编和历史散文的总集。作者不详。这本书经西汉刘向整理,才定名为《战国策》。它也是一部分国记事的史书,共分十二国,三十三篇,记述上自战国初,下至秦二世,共二百四十余年的历史。《战国策》的文学价值极高,比《左传》前进了一大步。首先,它的人物形象塑造更趋丰满。《左传》对人物只作简笔勾勒,而《战国策》对人物的描写更加具体细致,性格发掘得更充分,

如《冯谖（xuān）客孟尝君》中的冯谖就是一个血肉丰满的人物形象。其次，叙事运用铺张排比、渲染烘托，甚至夸张、虚构等艺术手法，使文章通达流畅、气势奔放，有强烈的感染力。再次，策士①巧言善辩，曲尽其妙，常引用生动的寓言故事帮助论事说理。如"鹬（yù）蚌相争，渔翁得利"、"画蛇添足"、"狐假虎威"、"亡羊补牢"等，历来为人们耳熟能详。《邹忌讽齐王纳谏》中，邹忌以生活琐事启发齐王，小中见大，步步进逼，使齐王不得不下令大开言路。

鹬蚌相争，渔翁得利

### 思考题

1. 简述先秦散文的概况。
2. 《孟子》的文学特点有哪些？
3. 《庄子》的文学特点是什么？
4. 试比较《左传》与《战国策》。

---

① 战国时代向诸侯王献计献策的人。

# 第三章 汉代诗歌

## 第一节 汉乐府

### 一、乐府机构和乐府诗

乐府，原本是政府的音乐机构。以"乐府"作为政府的音乐机构的名称，大约在秦代就开始了。1977年在西安骊（lí）山秦始皇皇陵附近出土的秦代编钟上就铸有"乐府"二字。汉朝立国后，沿袭秦朝体制，也设有专门的音乐机构，它的主要职能是管理郊庙、朝会的乐章。到汉武帝时，音乐机构的规模和职能都大大扩大了，这是汉武帝整顿改革礼乐的一项重要举措，目的是改革传统的郊庙音乐歌曲，用新声改编雅乐。当时乐府的具体职能，一是采集和编写歌辞，二是谱写乐曲，三是训练乐工，四是演奏乐歌。其中最引人注目的一项职能就是"采诗"，也就是由乐府机构派专人去各地搜集民歌俗曲，配乐歌唱，供统治者考察政治得失。

现存汉乐府歌辞的来源有三：一是宫廷文人写作的，这类乐章用于朝廷典礼，包括《郊庙歌》、《燕射歌》与《舞曲》；二是从各地搜集来的民歌，这类歌辞在普通场合演唱，包括《相和歌》、《清商曲》与《杂曲》；三是来自西域的音乐，大多是振奋士气的军乐，包括《鼓吹曲》和《横吹曲》。其中从民间采集而来的歌辞，习惯上称为"乐府民歌"。根据《汉书·艺文志》记载："自孝武[①]立乐府而采歌谣，于是有赵、

---

[①] 指汉武帝。

代之讴,秦、楚之风,皆感于哀乐,缘事而发,亦可以观风俗,知厚薄云。""赵、代之讴,秦、楚之风",可以见出当时采诗的地域很广;"感于哀乐,缘事而发",可以知道当时采集的诗歌具有现实主义精神,是下层民众真情实感的抒发;"观风俗,知厚薄",可以了解统治者有考察政治得失的意图。《汉书·艺文志》还列出西汉所采集的一百三十八首民歌所属的地域,范围遍及全国各地。可惜的是,这些民歌很少能流传下来。现在留存下来的乐府民歌,一般认为大多是东汉乐府机构所采集的,总数有四十多首。宋代郭茂倩的《乐府诗集》是收录乐府诗歌最为完备的一部总集。汉代民歌主要保存在其中的"鼓吹曲辞"、"相和歌辞"、"杂曲歌辞"三类中。

### 二、汉乐府民歌的内容

现存汉乐府民歌数量虽然不多,但内容十分广泛,尤其反映下层民众生活和情绪的作品特别多,主要有以下几个方面。

一是反映民众的悲惨生活。《东门行》、《妇病行》是较为典型的作品。《东门行》一诗不足八十字,却活生生地表现出普通民众为生活所迫的窘境。主人公辛苦劳碌了大半辈子,头发都已经花白了,可家里的米罐却是空空的,衣架上也没有衣服可挂,妻子儿女忍饥挨饿,哭哭啼啼。家徒四壁,毫无生计的主人公再也难以忍受下去,胸中的怒火无法抑制,被迫走上了反抗之路。《妇病行》则展现了民间一幅充满痛苦与辛酸的生活画面。诗中写一个妇人久病不起,临终前向丈夫嘱托后事,希望丈夫在她死后好好养育孩子,不要随意打骂他们。妻子死了,孩子们嗷嗷待哺,丈夫只好外出求食,连妻子的后事都没时间料理。他回家后,不懂事的孩子还一个劲地哭喊着要妈妈抱。这样的场景真可以催人泪下。

二是揭露战争和兵役给民众带来的灾难。如《战城南》、《十五从军征》。《战城南》写经过激烈地拼杀,忠勇无畏的战士不幸阵亡。然而他们死后却无人掩埋，横尸郊外，听凭乌鸦随意啄食。《十五从军征》写一个老兵，十五岁从军，八十岁才侥幸回家，性命苟全了，但家园破败，亲人凋零。他独自以杂谷野菜做饭，饭菜熟了，家里却没有一位亲人与他共餐。依门东望之时，他不禁悲从中来，泪湿衣襟，不胜悲苦。

三是表现女性对无耻男人的谴责。《陌上桑》即是典型一例。这首乐府民歌写得十分轻松活泼，却真实地反映了当时的社会现实，揭露了一个重大的社会矛盾：汉代上层官僚对民间妇女的随意掠夺、凌辱。诗中的罗敷美貌动人，让行者、少年、耕者、锄者忍不住伫（zhù）立一旁，欣赏眼前的旷世美女。诗歌以这些人不同的神情举止，侧面描写了美若天仙的罗敷。当使君路过时，对罗敷的貌美则不再只停留于观赏的满足上，而是欲行霸占之举。诗中写使君欲行又止，垂涎三尺，急切地派人打探罗敷是谁家的女儿，有多大年纪，而且试图载她同车而归。"使君"好色、贪婪、霸气十足的一面跃然纸上。反之，罗敷有勇有谋，非但没让使君的非分之想实现，而且让其自露丑态，狼狈而去。诗歌写得幽默风趣，让人忍俊不禁。

四是描写封建家长制的罪恶。如《古诗为焦仲卿妻作》（别名《孔雀东南飞》）、《孤儿行》等。《古诗为焦仲卿妻作》一诗，后面有专门介绍，这里略而不讲。《孤儿行》写孤儿在父母死后，沦为兄嫂奴仆的悲惨命运。残忍的兄嫂先逼孤儿远行经商，让他饱经风霜，吃尽苦头；回家后，兄嫂反复不停地差遣他干这干那，不容他有一丝的休息机会。兄嫂如此折腾，使得这位孤儿不由得发出了"居生不乐，不如早去，下从地下黄泉"的悲痛呼号。兄嫂残忍卑劣，丧尽天良，表现出了封建家长制的罪恶之源。

五是表达了爱情的坚贞和弃妇的痛苦。《上邪》中的女子指天发誓，用五种不可能发生的自然现象来表示自己要和意中人在一起的坚定决心。虽然有着火一样的热情，有着江河奔腾般的力量，但在这坚

定的誓言背后，也许隐藏着来自爱情的波折。《上山采蘼芜（míwú）》写的是弃妇的悲剧。诗歌用对比的手法写出弃妇的无辜，无论是容貌，还是能力，弃妇都远远胜过"新人"，但"故夫"却毫无道理地休了她，这份痛苦简直无处诉说。

### 三、汉乐府民歌的艺术特色

汉乐府民歌的主要艺术特色是以叙事为主，"感于哀乐，缘事而发"，扩大了中国诗歌的叙事领域。《陌上桑》和《古诗为焦仲卿妻作》是叙事诗的代表

《上邪》

作，尤其像《古诗为焦仲卿妻作》这样的长篇叙事诗，各种艺术手段在此都作了完美的发挥，无论人物对话、动作，还是心理刻画，都十分成功，形象地塑造了一批人物形象。诗中故事情节的展开和矛盾冲突的起伏，以及浪漫色彩的结尾，在铺排上也都恰到好处。另外，汉乐府民歌的形式多种多样，有三言、四言、五言、六言及杂言种种，其中最常用的是新兴的杂言和五言诗。杂言诗句式、字数不一，有整有散，灵活多变。五言诗则形式十分整齐，如《十五从军征》等。这种诗体较《诗经》、《楚辞》的四言诗和骚体诗都有明显的进步，代表了当时诗歌形式发展的新趋势，此后几百年间，成为文人创作的主要形式。

### 四、《孔雀东南飞》

《孔雀东南飞》是《古诗为焦仲卿妻作》的别名，是汉乐府诗中最长的一篇，也是中国诗歌史上罕见的长篇叙事诗。全诗共三百五十三

句,一千七百六十五字。诗中写了一个封建社会中常见的家庭悲剧。男主人公焦仲卿是庐江府小吏,与其妻刘兰芝是一对恩爱夫妻。刘兰芝貌美贤淑,勤于家务,可苛刻的焦母却不喜欢儿媳,婆媳关系颇为紧张。焦仲卿夹在母亲与爱妻之间,处境尴尬。妻子向他诉苦,母亲却逼他休妻再娶。最后焦仲卿难违母命,劝说妻子暂回娘家。刘兰芝在娘家又不见容于兄长,逼她再嫁,她只得以死抵抗,"举身赴清池"。焦仲卿闻此消息,翻然醒悟,也"自挂东南枝",夫妻俩用自己壮烈的死来抗议封建家长的专制。最后,双双自杀的焦仲卿和刘兰芝才得以合葬在一起,用他们的冤魂默默地控诉着源于封建家长制的罪恶。

在这首长篇叙事诗里,各种艺术手段都作了充分的发挥,无论是人物的对话、动作,还是人物的心理刻画,都非常成功,鲜明地塑造出了一组人物形象,如刘兰芝、焦仲卿、焦母、刘兄等。诗中故事情节的展开和矛盾冲突的起伏,以及富有浪漫色彩的结尾,在铺排上恰到好处。毫无疑问,这首长诗代表了汉乐府民歌的最高艺术水平。

《孔雀东南飞》

## 第二节　文人五言诗

### 一、早期的文人五言诗

五言诗萌芽于民间歌谣。早在四言诗盛行的《诗经》时代，五言的诗句就已经出现了，但完整的五言诗并没有出现。随着诗歌创作的长期发展，到了西汉时代，五言体的歌谣逐渐流行起来。在《汉书》中还可以见到保存着的几首五言歌谣。乐府民歌中五言诗的发展，更是在很大程度上影响了当时文人的写作，他们开始尝试创作这种新体诗，从而早期的文人五言诗应运而生，但纯粹文人创作的五言诗出现在东汉。班固的《咏史》被许多文学史家认为是现存最早的一首文人五言诗，当然这首诗尚不成熟，但它是中国诗歌史上的里程碑。自此以后，东汉许多作家都有五言诗传世，如张衡的《同声歌》、秦嘉的《赠妇诗》、辛延年的《羽林郎》等。尤其是《羽林郎》一诗，在早期的文人五言诗中比较突出。诗歌描写了一个酒家女胡姬不畏强暴，勇拒贵族豪奴调戏的故事。诗中的少女胡姬，貌美若仙，又坚贞纯洁；豪奴冯子都横行霸道，仗势欺人。这首诗与乐府民歌《陌上桑》有异曲同工之妙，反映了乐府民歌影响下文人创作的成就。文人五言诗真正走向成熟，那是东汉后期的事了。

### 二、古诗十九首

《古诗十九首》是文人五言诗中最杰出的代表。东汉末年涌现出一大批文人五言诗，但没有留下作者的名字，后人泛称为"古诗"。这类作品中的十九首，到梁代被萧统选编入《文选》，于是后人就以"古诗十九首"称呼它们。现在大多数学者认为这组诗歌并非一人所作，产生的时代大致在东汉后期。就思想和艺术来看，这组诗歌的作者应该是有相当文化修养的人。但他们身处动乱年代，失去了固有的报效国家的人生目标，内心抑郁苦闷，感伤怨恨，诗歌就是抒发他们思想感情的最好途径。

这组诗歌就其表述的内容可以分为几类，给人印象最深刻的，是抒写相思之情，诉说离别之苦的诗作。如《行行重行行》一诗，写一女子思念远行异乡的情人。首先追叙他们的初次别离，其次诉说路途遥远，会面无期，再自述相思的怨苦，最后用宽慰的话结尾。又如《迢迢牵牛星》一诗，描写了织女隔着银河思念牵牛的愁苦之情，抒发了爱情受折磨时的痛苦。这一类诗歌在《古诗十九首》中占了一大半。此外，也有表现生命短促，慨叹人生无常的作品。如《生年不满百》中的"生年不满百，常怀千岁忧"、《驱车上东门》中的"人生忽如寄，寿无金石固"、《青青陵上柏》中的"人生天地间，忽如远行客"等诗句。诗人们纷纷表达出对死亡的恐惧和无奈，他们建功立业无门，安身立命无地，人生发展无路，剩下的只是对命运不可捉摸的哀叹了。其他如对功名不就、宦海失意，身居贫贱、世态炎凉，人情淡薄、知音难遇的描写也是这组诗歌中常见的主题。

《古诗十九首》在艺术上取得了极大的成功，标志着中国文人五言诗的成熟。它的艺术手法历来被文学批评家推崇。首先表现在诗人把自己真切的感情坦然抒发出来，毫不矫饰，并用特定的景物衬托人物的感情，达到情景相生、情趣天成的境界。如《冉冉孤生竹》，描写了一位新婚女子与丈夫久别后的烦恼忧思，那种期待与失望、眷恋与悲哀的微妙心绪，都依托眼前的景象，委婉地道出。孤零零的竹子、攀附女萝的菟（tù）丝、花开花落的蕙兰都是思妇寄托情思，表明心绪的象征之物。其次，它的语言朴素明快、精练生动、耐人咀嚼，有高度的概括力。如《行行重行行》中的"胡马依北风，越鸟巢南枝"，没有精心的加工和修饰，却在不经意间让胡马与越鸟的形态烙上了浓厚的人间情感，烘托出游子强烈的思乡之情。

《古诗十九首》在文学上的成功，得到了文学批评家的最高褒奖。南北朝刘勰（xié）的《文心雕龙》说它是"五言之冠冕"，钟嵘《诗品》

的评价更高,称它为"一字千金"。它在形式、题材、语言风格、表现技巧等许多方面,直接对后代五言诗的写作产生深刻的影响。从此五言诗作为中国古代诗歌的主要诗体,获得了前所未有的发展。

**思考题**

1. 简述汉乐府民歌的主要内容。
2. 试举例论述汉乐府民歌的艺术特点。
3. 简述文人五言诗的起源及发展过程。
4. 《古诗十九首》的主要内容及艺术特点是什么?

# 第四章 两汉史传文

## 第一节 司马迁的生平

司马迁(前145—约前87),字子长,左冯(píng)翊①(yì)夏阳(今陕西韩城)人,中国伟大的文学家、史学家。他生于史学世家,其父司马谈是一位博学者,汉武帝时任太史令②。司马迁近十岁时随父迁居长安,以后拜董仲舒③为师学习《春秋》,拜孔安国④为师学习《古文尚书》。二十岁那年,他开始广泛地漫游,游历的地方包括今天的湖南、江西、浙江、江苏、山东、河南等地。在这次漫游中,他寻访了传说中大禹的遗迹和孔子、屈原、韩信等历史人物活动的旧址。漫

司马迁

---

① 左冯翊:官名,也是行政区名。汉代将京兆尹、左冯翊、右扶风称三辅,即把首都附近的地区归为三个地方官分别管理。
② 秦汉时掌管天文历法的长官。
③ 董仲舒:西汉思想家、儒学家。
④ 孔安国:西汉经学家。

游结束后,他做过朝廷的官员,又奉使到过四川、云南一带。此后,他曾侍从武帝巡狩、封禅而到过更多的地方,足迹遍及全国各地。漫游生活使司马迁大开眼界,接触了各阶层各种人物的生活,尤其收集到了许多历史人物的资料和传说,为后来《史记》的写作奠定了基础。汉武帝元封元年(前110),其父司马谈去世,父亲著述历史的未竟之业便落在了他的肩上。元封三年,司马迁继任太史令。自此,他读遍国家藏书,研究各种史料,着手著史。未曾料到,一场巨大的灾难从天而降。天汉二年(前99),李陵①兵败,投降匈奴。消息传到京城,武帝为之震怒,朝臣顺水推舟,斥骂李陵。司马迁以为这对李陵太不公平,挺身而出,陈说李陵投降实出无奈。他的辩护触怒了武帝,加之他写就的《景帝本纪》,直言景帝、武帝过失,武帝借此对他两罪并罚,处以"宫刑"。面对如此奇耻大辱,司马迁想到过死,但著史之业未竟,只得隐忍苟活,继续写作。对此,他在《报任少卿书》中有详细申述,提出了"人固有一死,或重于泰山,或轻于鸿毛"的生死观。在太始四年(前93)左右,司马迁终于完成了《史记》这部皇皇巨著。此后,他的事迹不详,大约在汉武帝末年去世。

## 第二节 《史记》的文学成就

《史记》是中国第一部纪传体的通史,共一百三十篇。这种著作体式,以纵横交织、经纬结合为基本特征,分为本纪、表、书、世家、列传五类。本纪、表、书为纵,世家、列传为横。"本纪"继承了先秦编年体史书的基本特征,按照年代顺序记录历史事件,展示历史发展过程,多记帝王之事;"表"是以表格的形式,依照年代排列相关内

---

① 李陵:西汉将领,曾率军与匈奴作战,战败后不得已投降匈奴。

容;"书"系统记录各专门领域的发展历史和重要人物;"世家"记录诸侯将相的历史,对于春秋战国各诸侯国,有点近似于本纪的格局,而对于汉代的诸侯将相,则是个人的发展史;"列传"是人物传记或少数民族和周边国家的历史情况。这种体式的骨干是本纪、世家和列传,它们也构成了这种体式的基本配合关系。唐代刘知几在《史通·列传》中说,"盖纪者,编年也;传者,列事也。编年者,历帝王之岁月,犹《春秋》之经;列事者,录人臣之形状,犹《春秋》之传。《春秋》则传以解经,《史》、《汉》则传以释纪",就是对这种关系的说明。《史记》通过这五个部分相互配合、相互补充,构成了完整的历史体系,成为中国历代史书的基本形式。所谓的"廿四史",即以《史记》为首。

鲁迅称《史记》为"史家之绝唱,无韵之离骚"[①],当是无愧的。就《史记》的文学性而言,首先表现在它的叙事方式上。它采用的是第三人称的客观叙述,实际是"寓褒贬于叙事之中"。它叙述了漫长的三千年历史,再现了历史上波澜壮阔的场景和人物活动。《史记》中的很多传记,用一系列故事展开。如《廉颇蔺相如列传》,就是由完璧归赵、渑(miǎn)池相会、负荆请罪等故事构成的。同时,《史记》中的故事,还有不少是富于戏剧性的。如《项羽本纪》中著名的"鸿门宴"故事,就犹如一场精彩的戏剧演出,剧中人物的出场、退场、神情、动作、对话,乃至座位的朝向,都写得如闻其声、如见其人,剧情又高潮迭起、扣人心弦,极富戏剧性。其次,塑造了众多具有鲜明个性的人物形象:帝王将相、贵戚富商、文人隐士、游侠刺客、平民百姓。其中,能够给人留下深刻印象的,如项羽、刘邦、张良、韩信、李斯、屈原、孙武、荆轲、廉颇、蔺相如等,就有近百个。项羽是一位失败的英雄,可司马迁不以成败论英雄,精心描绘,写出了项羽威武壮烈的悲剧命

---

① 鲁迅《汉文学史纲要》。

《鸿门宴》

运。项羽的人物形象是通过大量的细节描写来展示他性格的丰富性、复杂性的。在《项羽本纪》的"垓（gāi）下之战"中，为了表现英雄末路的悲壮，四面楚歌境地中的项王"兵少食尽"，"乃大惊曰：'汉皆已得楚乎？是何楚人之多也'"！在接下来的情节中，他面对虞姬和乌骓马，慷慨悲歌，"泣数行下，左右皆泣，莫能仰视"。紧接着便是亲率队伍突围，虽然减员较多，但项羽奋力拼杀，也造成了汉军的大量伤亡，以至最后自刎乌江，无一不是在细节的描写中，再现了项羽面对失败的结局，既有驰骋疆场的壮烈之气和几分儿女情长，又有内心的绝望、痛苦和天性的刚直与纯真。在这样的细节描写中，人们实实在在地感知了项羽这个人物。《史记》中所描绘的人物，面目活现，神情毕露，得益于塑造人物的艺术手段：人物外貌和神情描写，生活细节的刻画，人物对话的运用，戏剧性场景的设置。上述这一切在司马迁笔下皆运用自如。再次，《史记》的语言艺术是精湛的。司马迁将史料中艰涩难懂的语句，改写成汉代通行的语言，使古文变得浅显流畅。如叙事语言精练简洁、人物语言个性化等。

《史记》对中国文学的影响：司马迁的人格和实录精神，深刻影响到后世作家的创作态度和创作方法；它开创了中国传记文学的先河；它的笔法直接影响到唐宋古文家，成为他们行文遣词的规范；它对唐传奇乃至明清小说和戏剧创作也有深远的影响。

## 第三节　班固与《汉书》

班固（32—92），字孟坚，扶风安陵（今陕西咸阳东北）人。其父班彪写有《史记后传》六十五篇。父亲死后，班固继承父业，以《史记》的汉代部分和《史记后传》为基础编撰《汉书》，历时二十载。《汉书》是中国第一部纪传体的断代史（只写一个朝代）著作。其体例基本上承袭《史记》，只是改"书"为"志"，创"刑法"、"五行"、"地理"、"艺文"四志，并将"世家"取消，与"列传"合在一起，统称"传"，使《汉书》形成一种新的面貌。《汉书》共有十二纪、八表、十志、七十传，共一百篇，一百二十卷。"究西都之首末，穷刘氏之废兴，包举一代，撰成一书。言皆精练，事甚该（赅）密，故学者寻讨，易为其功。自尔迄今，无改斯道。"①这部断代史的体例和撰述，以后成为官修史书的范本，同时在史传文学的创作上，表现出自己的特点和成就。

《汉书》是继《史记》之后的又一部富有散文文学特色的史学巨著。其中有

苏武牧羊

---

① ［唐］刘知几《史通·六家》。

不少出色的人物传记，如《霍光传》、《朱买臣传》、《东方朔传》，都是公认的名篇。特别是《苏武传》，不逊色于《史记》。《汉书》通过精心选择的材料，富有情趣的情节，利用白描的手法，简练、精确地揭示出这些人物的内心世界，塑造出精彩的人物形象。苏武就是其中著名的一个，他出使匈奴，被扣留十九年，但他坚持斗争，不屈服于敌人的逼迫。在北海牧羊的艰难环境中，"杖汉节牧羊，卧起操持，节旄尽落"，始终不忘国家。尤其在李陵劝降苏武时，苏武坚定地表示："自分已死久矣！王必欲降武，请毕今日之欢，效死于前！"通过众多的情节和语言，一个可歌可泣的爱国者形象跃然纸上，感人至深。

《汉书》叙事详尽，词汇丰富而语言整饬简练。它的的语言风格与《史记》相比，对照鲜明，显得典雅古奥，比较艰深。

 **思考题**

1. 《史记》的艺术成就是什么？
2. 试述《史记》对后代文学的影响。
3. 试举例论述《汉书》在塑造人物形象上的贡献。

# 第五章 魏晋南北朝诗歌

## 第一节 建安诗歌

### 一、"建安风骨"

建安是东汉末年汉献帝的年号，这个时期及以后魏初的若干年的文学创作，习惯上称为"建安文学"。建安诗人生当汉末的动乱年代，饱经时代的风云和世事的沧桑，面对凋弊的社会、苦难的民众，他们"慷慨以任气，磊落以使才"①，描写身处的社会现实，抒发自己愿为国家统一贡献力量的强烈愿望。正如刘勰《文心雕龙·时序》中所说的："观其时文，雅好慷慨，良由世积乱离，风衰俗怨，并志深而笔长，故梗概而多气也。"他们继承汉乐府民歌的传统，用他们现实主义的创作精神，在诗歌史上树起一面旗帜，被后人称誉为"建安风骨"。这是对建安时代诗歌所具有的慷慨悲凉、激昂苍劲的风格和特点所作的高度概括。在这种风格的诗歌里，包含着诗人的真情实感，在语言表达上又具有简练刚健的特点。

### 二、建安诗人

建安作家主要有"三曹"、"七子"。"三曹"即曹操、曹丕、曹植父子三人；"七子"是孔融、王粲（càn）、徐干、阮瑀（yǔ）、陈琳、

---

① ［南北朝］刘勰《文心雕龙》。

应玚(yáng)、刘桢七位文人。建安文学最有成就的文学样式是五言诗，其次是赋，如曹植的《洛神赋》、王粲的《登楼赋》等。这个时期文学成就最突出的是曹操、曹丕、曹植和王粲。

1. 三曹

曹操(155—220)，字孟德，小字阿瞒，沛国谯(今安徽亳〈bó〉州市)人。曹操少年时放荡不羁，机敏而有权术。汉献帝时，曹操为大将军，削平群雄割据，统一了北方广大的地区，担任丞相，受封魏王，挟天子以令诸侯。曹丕称帝后，曹操被追尊为武帝。他是汉末魏初最杰出的政治家、军事家，也是一位卓越的诗人。

曹操

曹操的诗歌今存二十余首，全都是乐府诗，题材非常丰富。诗歌从现实出发，或者描写战争给民众造成的灾难，如《薤(xiè)露行》《蒿里行》《苦寒行》《却东西门行》等。当时，各路军阀互相混战，百姓惨死，白骨遍野，诗中都作了鲜明的描写。或者抒发自己的胸襟怀抱、雄心壮志，如《对酒》、《短歌行》、《步出夏门行》等，诗歌的字里行间透露出诗人治世施政的主张、招贤纳士的愿望及积极进取、壮心不已的精神境界。在曹操的诗歌中，《短歌行》、《步出夏门行》中的《观沧海》、《龟虽寿》是历来为人传颂的千古名篇。四言乐府《短歌行》是在宴飨(xiǎng)宾客时吟唱的，诗歌的主题是抒发为了统一大业而求贤若渴的心境。人生"譬如朝露,去日苦多",但曹操"慨当以慷,忧思难忘",诗中没有传出情绪消沉和无奈的消息,给人的感受反倒是一种时不我待的奋发激昂,代表了建安诗歌最为感人的一面。《观沧海》是《步出夏门行》的第一章,诗人观海抒情,借海明志,景语情语,浑然一体。诗如其人,没有海一样的胸怀,就难于写出如此壮观的沧海。《龟虽寿》中的"老骥伏枥,志在千里;烈士暮年,壮心不已",则直接吐露了曹操的壮志豪情。

曹操的乐府诗非常有个性。形式上,他并未全然采用乐府旧题的诗型,而是稍加改造,自具面目。《步出夏门行》本是五言诗型,曹操却把他写成了四言诗,成为《诗经》之后难得一见的四言诗佳作。在内容上,曹操用旧题写时事,记录当时的社会现状。明代钟惺在《古诗归》中称之为"汉末实录,真诗史也"。在风格上,曹操的诗作精神昂扬,气势宏伟,慷慨悲凉,是"建安风骨"最真切的体现。

曹丕(187—226),字子桓,曹操的次子,被其父立为太子。曹操死后,废汉献帝自立,国号魏。曹丕做了六年皇帝,死后谥曰文,即魏文帝。建安时代,曹操虽然在文学上颇多建树,但忙于军政大事,南征北战,无暇过多地顾及当时的文坛。与其父相反,曹丕则经常和当时的文人接触,是实际上的文坛领袖。

曹丕擅长诗文,有相当多的作品流传下来,而且多为名篇佳构。他现存诗四十余首,三言、四言、五言、六言、七言、杂言诸体具备。他诗歌的内容大多是描写男女爱情和游子思妇,文人化倾向明显,有他自己独特的一面,常为后人所称颂。他的《杂诗》二首其二,以浮云作比兴,写游子遭遇不幸,被迫背井离乡,长期滞留在外,因畏惧外乡人而欲言又止。诗以压抑的情调戛然结束,表现了思乡而又难以排解的忧伤心情。他的《燕歌行》共二首,第一首《秋风萧瑟天气凉》描写一个独守空闺的妇女在深秋寒夜思念远行的丈夫,感情真挚,情思委婉忧伤,其语言清新自然,和谐流畅。《燕歌行》是现存中国古代

最早的完整的七言诗，为七言诗的进一步发展开辟了道路，在诗歌史上颇有地位。曹丕这类诗歌的成功，表明他比较关注平民百姓，在当时比较普遍的人生际遇中，开掘出了具有社会意义和审美价值的题材，把动乱的社会现实和游子思妇的不幸命运融合在了一起。曹丕的诗歌，兼容汉乐府民歌和汉代文人诗的特点，在艺术上有新的创获。他的抒情，婉约细微；他的语言，有民歌的质朴，也有文人的工丽，显现了建安时代曹丕诗歌由汉乐府向文人诗的过渡。

曹植（192—232），字子建，曹操第四子。在文学上，诗、赋、散文均突出，尤以诗歌成就为最高，钟嵘《诗品》称他为"建安之杰"。他生于动乱年代，幼年就随他的父亲四处征战。在时代的召唤和曹操的影响下，曹植很早就树立了建功立业的雄心壮志。他天资聪颖，才思敏捷，曹操十分赏识他，几乎把他封为太子。但他恃才傲物，任性而为，不太检点自己的言行，最后失宠于曹操。曹丕登上皇位后，立即削弱曹植的势力，虽然位为藩侯，实际如同囚徒，郁郁寡欢，终于在忧愤中死去。曹植最后一任徙封陈王，死后谥为"思"，所以后人又称之为陈思王。

曹植的生活以公元220年曹丕称帝为界，分为两个不同的时期，表现在诗歌上也就有前后不同的情调。前期作品洋溢着追求政治理想、向往建功立业的进取精神。如《白马篇》一诗，塑造了一位艺高胆大、忠勇爱国、视死如归的英雄形象，显然贯注了作者的愿望。后期作品中充满着悲愤抑郁的气氛，最能代表这

曹植《洛神赋》

个时期的作品，就是那篇《赠白马王彪》。全诗分为七章，表述了诗人内心极其复杂的悲愤情感。曹植的诗歌创作在艺术上取得了很高的成就。他注意文人文学与民间乐府的结合，使诗歌艺术取得了极大的飞跃。他是中国文学史上第一个大力写作五言诗的人，推动了五言诗的发展。具体表现在：一是增强了五言诗的抒情成分，诗中有鲜明的个性和抒情性，能够捉摸到诗人的独特形象，体会到诗人深厚的感情；二是加强了五言诗的文采，在保持民歌朴素自然的基础上，又讲究词采和对仗，注意炼字和声色，表现出语言洗练、词采华美的特色；三是讲究写作技巧，结构大都较为精致，很少平铺直叙，特别是开头，多以警句开始，具有引领全篇的作用。

2. 建安七子

建安七子之称，最早见于曹丕的《典论·论文》。七子之中，王粲（177—217），字仲宣，山阳高平（今山东邹城市）人。他的成就最高，刘勰在《文心雕龙·才略》中称他是"七子之冠冕"。他的诗感情深沉，慷慨悲壮，其《七哀诗》第一首中的"出门无所见，白骨蔽平原"一句，颇能反映当时社会动乱的真实面貌。刘桢（？—217），字公干，东平宁阳（今属山东）人。他的诗刚劲挺拔，注重气势，不事雕饰，代表作是《赠从弟》三首，这三首诗分别用蘋藻、松树、凤凰比喻坚贞高洁的人格，既是对他从弟的赞美，也是诗人的自我写照。特别是第二首诗，描写了松柏顶风霜、冒严寒、傲然挺立的精神风貌，以此寄托傲岸不群的情感和坚贞不屈的人格。徐干（170—217），字伟长，北海（今山东潍坊市西北）人。他的代表作有《室思》六首，大多写闺怨之情，情致委婉。陈琳（？—217），字孔璋，广陵（今江苏扬州）人。他的乐府诗《饮马长城窟行》，假托秦代筑长城之事，描写繁重的徭役给广大民众带来的痛苦和灾难。阮瑀（？—212），字元瑜，陈留尉氏（今河南开封市）人。他的乐府诗《驾出北郭门行》，描写了一个孤儿遭受后母虐待的情状，也是优秀的诗歌。

蔡文姬归汉

3. 蔡琰

蔡琰，生卒年不详，字文姬，是著名作家和学者蔡邕（yōng）的女儿，博学多才，精通音律。汉末动乱之时，蔡琰被掳入胡，流落南匈奴十二年，后来被曹操赎回，嫁给同郡董祀。现在流传下来的题为蔡琰的作品共三篇：五言《悲愤诗》、骚体《悲愤诗》和《胡笳（jiā）十八拍》。学术界一般认定五言《悲愤诗》是蔡琰的诗作。这首诗是中国最早的文人长篇叙事诗，分为三大段，先写汉末大乱和诗人被掳胡地的情形，接着描写她胡地生活及被赎的事，最后写归途和到家后的情状。由于诗中描写的一切都是她的亲身经历，所以异常生动感人，特别是诗人内心活动的刻画，非常细致、突出。这首诗通过作者自身不幸遭遇的叙述，揭露了军阀混战的罪恶和胡兵的残暴，反映了广大民众妻离子散的悲惨生活，从而展现了汉末动乱的社会面貌，具有强烈的时代精神。

## 第二节　正始诗歌

### 一、正始诗歌的时代背景

曹魏后期，政局混乱，曹芳、曹髦（máo）等皇帝荒淫无度而又昏庸无能，司马懿父子掌握朝政，废曹芳，弑曹髦，诛杀异己，整个社会处在黑暗恐怖的状态之中,"名士少有全者"[①]。建安诗歌那种直面现实,反映社会动乱,抒发统一理想的内容,那种昂扬奋发,积极进取的精神,在正始诗歌中已经不见了,代替它的是表达在黑暗恐怖政治高压下的生存的悲哀,是对人生祸福的忧叹,诗风也由建安时代的慷慨悲壮变为寄托遥深。

## 二、正始诗人

### 1.阮籍

阮籍(210—263),字嗣宗,陈留尉氏(今河南开封市)人,是"建安七子"之一阮瑀的儿子,也是"竹林七贤"中的代表作家,曾做过步兵校尉,故世称阮步兵。阮籍早年有济世救民的志向,然而生当魏晋易代之际,政治最为黑暗,他始终在政治斗争的漩涡里应付、挣扎。他对曹魏末年的庸碌腐败深感不满,但又不愿与司马氏集团同流合污,因而始终采取一种不即不离的态度。他避祸的方式是酣饮和放浪形骸,因而保全了性命,但内心的煎熬无时无刻不在折磨着他。他的处境和痛苦是当时文人名士所具有

阮籍

---

[①]《晋书·阮籍传》。

的共同的不幸，在当时社会具有广泛的意义。因此，他写的诗篇隐晦难明，很少直说。《咏怀诗》八十二首是他的代表作。这些诗的思想内容比较复杂，其中最突出的是表现诗人内心的孤独和苦闷。如第一首《夜中不能寐》，从"夜"字领起，写出了一个使人苦闷惆怅的夜，一个令人难以成眠的夜，在夜境的悲凉气氛中，展现一位"忧思独伤心"的诗人形象。全诗蕴藉含蓄，使人在无意之中受到感染。在这组著名的诗篇中，阮籍采用隐晦曲折的手法，抒写了他对黑暗政治的愤懑和苦闷，在诗歌史上独树一帜。

2. 嵇（jī）康

嵇康（232—262），字叔夜，谯郡铚（zhì，今安徽宿州市）人。官中散大夫，世称嵇中散。他性格倨傲狂放，公开反对司马氏集团，与之坚决决裂。他的这种性格最终引来了杀身之祸。嵇康的诗现存五十余首。有四言、五言、七言、杂言，而以四言成就为最高。他的诗以表现追求自然、高蹈独立、厌弃功名富贵的人生观为主要内容。其中《赠秀才入军》十八首和《幽愤诗》一直为人们称道。《赠秀才入军》其九，想象其兄嵇喜入军后的英姿和气概，其十四写他弋钓自娱、游目弹琴、体会玄理的高超心境。《幽愤诗》自述平生的遭遇和理想抱负，对自己无辜受冤表示极大的愤慨。

嵇康

## 第三节　西晋诗歌

西晋统一后，社会相对稳定，经济也有较大发展。从太康至永嘉的二十多年中，文学创作比较活跃，出现了一大批诗人，有"三张"（载、协、亢）、"二陆"（机、云）、"二潘"（岳、尼）、"一左"（思）之称。除左思外，他们的创作都表现出共同的时代倾向：多模拟而少创造，重视艺术形式而轻思想内容，被称为"太康体"。

### 一、西晋初期诗人

在西晋初期，诗坛上也出现一些小有成就的诗人。傅玄（217—278），诗作较多，现存诗一百多首，大部分是乐府诗，大多写妇女问题，著名作品就是那篇《豫章行·苦相篇》。《豫章行》是乐府旧题，"苦相"是苦命、薄命的意思。诗中从女子的出生、成长写到她的出嫁和婚后生活，有力地揭示了封建社会妇女命运的悲惨。傅玄也写有一些爱情小诗。傅玄稍后，张华（232—300）步入诗坛。他少孤贫，曾经以牧羊为生，但他勤奋读书，官至宰相，最后死于皇族争斗。有《张司空集》，其中有诗一百二十首，今存诗仅三十二首。钟嵘《诗品》说他"儿女情多，风云气少"，但不全面，他也有揭露王公贵族荒淫腐化生活的诗歌，如《轻薄篇》等。"儿女情多"的代表作是组诗《情诗》，与傅玄的爱情小诗有相似之处。

### 二、太康诗人

1. 陆机

陆机（261—303），字士衡，吴郡华亭（今上海市松江区）人，现存诗一百多首。陆机是吴国名臣陆逊之后，吴国灭亡后闭门读书，太康间和弟弟陆云到洛阳，受到张华的赞赏。陆机的诗歌涉猎广泛，而内涵贫乏，多数作品是模仿前人的产物，既无深刻的社会内容，又无

个人的切身感受，往往对前人的作品重新装饰一下就算创作完毕，难免给人立意陈旧之感。陆机的诗歌句式力求排偶，词语力求富丽，描绘力求详细，节律力求和谐。他的诗歌注重文学审美和诗歌艺术技巧，但过分雕琢，失去了自然的面目。当然，陆机是一位富有才华的诗人，当他将自己的生活体验写入诗中时，也可产生生动有力的作品。他稍可称道的诗《赴洛道中作》其二即是一例，还有《猛虎行》、《从军行》等，包括一些代言体的思妇诗。他精心写作的《文赋》，是古代文学理论的重要著作，第一次指出并强调"诗缘情而绮靡"。这一点从他的创作实践中可以领略。

2. 潘岳

潘岳（247—300），字安仁，荥（xíng）阳中牟（今河南中牟县）人。与陆机齐名，文风与陆机接近，但文采不如陆机。他从小就很聪明，在乡里非常有名气，号称奇童。他是一个有名的美男子，很受女人们喜爱，但是他性情浮躁，趋炎附势，人品不为人称道。他的诗文辞艳丽，悼亡诗写得最好。现存诗十八首，《悼亡诗》三首最受人称道。诗歌作于他妻子逝世一周年之际。第一首写他离家之前的心情，感叹时光匆匆流逝，与妻子已经阴阳相隔；接着写出他去留两难，不知所措的悲哀；最后写徘徊空房，触目之处尽是亡妻的遗迹，倍感伤心。整首诗歌都在写他的忧思难忘，真实地表达了潘岳对亡妻的怀念。从那以后，"悼亡"成为这类诗歌的特别名称，对后世产生了很大的影响。在他之后，唐代元稹的悼亡诗、宋代苏轼的悼亡词都取得了更高的成就。

3. 左思

左思（约250—约305），字太冲，齐国临淄（今山东淄博市）人。太康时期的"一代作手"。左思长得很丑，又有口吃，但其文辞壮丽，不同凡响。现存诗十四首，是西晋时期最杰出的诗人。

他的《咏史》八首，继承"建安风骨"的传统，借古喻今，表达了他对世族门阀制度的不满和自己壮志难酬的苦闷，被史家称为"左思风力"。如《郁郁涧底松》，用"涧底松"比喻有才能而出身贫寒的人，用"山上苗"比喻无能的世族子弟，不仅形象地指出了"上品无寒门，下品无世族"的社会现象，而且还揭露了造成这种社会现象的原因。因此，这些借古人古事，抒发自己情怀的诗作，就形成了一种专门的表现方式，后人仿作者很多，这样，"咏史诗"就成为后世诗歌中的一大类别。左思还有一首《娇女诗》写得很别致，他用轻松幽默的笔调，描摹了自己两个小女儿娇憨可爱的神态，充满着天伦之乐的生活情趣。中国自古以来，重男轻女。左思破陋习，重亲情，不计性别，不惜篇幅描写自己的女儿，这是以前的诗歌未曾涉及的。受左思《娇女诗》的影响，陶渊明、李白、杜甫、白居易、韩愈、杜牧和李商隐等后世众多诗人，先后都有写幼小儿女的诗篇或诗句。左思还曾经以《三都赋》赢得"洛阳纸贵"[①]的声誉。

### 三、西晋其他诗人

在西晋的后期诗坛上，还有一些诗人也有他们的特色。刘琨（270—317），字越石，中山魏昌（今河北无极县东北）人。晋代著名的爱国志士，诗中具有深厚的爱国思想。现存诗三首：《扶风歌》、《答卢谌（chén）》、《重赠卢谌》。诗中表达了他壮志未酬、英雄末路的无限感慨，十分感人。郭璞（276—324），字景纯，河东闻喜（今山西闻喜）人。他学识渊博，精通训诂、天文、卜筮（shì）等。现存诗二十二首，以《游仙诗》十四首最为著名。"游仙诗"是借游仙来抒怀的诗。郭璞的游仙诗，实际上就是写隐逸生活，或借游仙抒怀，充满现实内容。

---

① 《晋书·左思传》。

## 第四节　陶渊明的诗歌

### 一、陶渊明的生平

陶渊明（365—427），字元亮，后更名潜，浔阳柴桑（今江西九江）人。曾祖陶侃以下皆为官，自幼丧父，家境渐衰。他二十九岁起出仕，任江州参军，因不堪吏职，不久归隐而去。以后他也因生计所迫陆续做过一些地位不高的官，过着时隐时仕的生活。义熙元年（405），陶渊明四十一岁，再次出任彭泽县令，仅在官八十余日，以"我岂能为五斗米折腰向乡里小儿"为由弃官，从此告别官场。隐居生活刚开始时，陶渊明的生活也算安宁自得。他还亲自参加一些农业劳动，与农民较为接近。以后由于农田不断受灾，房屋又被火烧，他的生活境遇日坏，在贫病中辞世。

陶渊明

### 二、陶渊明的田园诗

陶渊明是整个魏晋南北朝时期最杰出的文学家，在文学的诸领域都有很高的成就，诗歌对后代影响最大，尤其是他的代表性诗作田园诗。陶渊明一生写下了不少田园诗，无疑是他人生理想的写照。《归园田居》五首即是代表作之一，组诗中"少无适俗韵"一首，抒发了诗人辞官归隐后的喜悦心情，表现了他对恬静美好的农村生活和逍遥自在的隐居生活的热切追求。诗中写有榆柳桃李掩映下的院落、草屋，傍晚时影影绰绰的村落，袅袅升起的炊烟，桑树上的鸡鸣，造景设色虽是平凡，却展示了一幅静谧、纯朴的田园景色。《饮酒·结庐在人境》一诗，写他"采菊东篱下，悠然见南山"的悠然自在的隐居生活；《移居·春秋多佳日》一诗写他农务之暇，与朋友诗酒流连的快乐；《读山海经·孟夏草木长》一诗，写他农事之余泛览图书的乐趣。

"采菊东篱下，悠然见南山"

陶渊明田园诗在艺术上很有他独特的风格，这种风格最突出的表现是：平淡、自然。他能够用朴素的语言，写出极其平常的生活情景，创造出一种独特的诗的意境。在他的时代，诗歌追求华美，注重修饰。他却蹊径独辟，抒写平淡自然、意味隽永的诗篇，真如奇峰突起，开创了新的艺术境界。宋人李公焕注《陶渊明集》谓其诗"造语平淡而寓意深远，外若枯槁，中实敷腴"，是极恰当的评语。他创造的艺术新领域使其成为田园诗派当之无愧的开创者，对后世田园诗的发展功不可没。

## 第五节　南北朝诗歌

### 一、谢灵运

谢灵运（385—433），陈郡阳夏（今河南太康）人，出生于会稽（kuàijī）始宁（今浙江上虞）。他出身于东晋最显赫的世族家庭，年轻时就袭封

康乐公,世称"谢康乐"。谢灵运门第既高,又天资聪颖,因此养成了高傲的个性,行为举止很是放纵。刘裕取代东晋后,他被降爵,由康乐公降为康乐侯。并被贬到永嘉、临川等地做地方官。他虽有政治抱负,却郁郁不得志,但寄情山水的生活为他开辟了一片新天地。因为被最高当局外放为官,心情更加郁闷,但也为他游山玩水提供了很多时间和机会。他每每将游历的经过,用诗歌记述,在他的诗歌里,自然界的山水美景便层现迭见。在他之前,山水风景的描写,仅是断章零句,谢灵运则倾注全力刻画山水胜景,再现江山之美,由此扭转了当时的玄言诗风,开创了文学史上的山水诗派。他的山水诗雕琢细腻,刻画逼真。代表作如《登池上楼》、《石壁精舍还湖中作》等诗,最能体现他诗歌的特色。《登池上楼》作于他做永嘉太守的时候。诗歌首先写出他出任永嘉太守时的复杂心情,接着描写病中举目所望时的周围景致,最后抒发他离群索居的感受。中间景致的描写,最见谢灵运写诗的功力:近处波涛声声、远方山峦绵绵,而更可喜的是,冬去春来,景色一新,于是"池塘生春草,园柳变鸣禽"的诗句信口而出。这一联诗句最受人赞赏,它不用任何典故,不加任何雕琢,只是以本色天然的白描手法传达出盎然的春意,可以说是神来之笔。

### 二、鲍照

鲍照(约414—466),字明远,东海(今江苏涟水)人。史称鲍参军,以诗著称,与谢灵运、颜延之并称"元嘉三大家"。他出身寒微,却自视甚高,以为凭借自己超人的才华而功名富贵唾手可得,可事实并非他想象的那么简单。他在人生目标未实现之际,往往在他的诗中涌出感愤不平之辞。在他的代表作《拟行路难》十八首中,可感受到其感情的冲动、激荡与紧张。《对案不能食》一诗,就表现了一个才高气盛、自尊心极强的诗人面对不公平的现实激愤异常,苦闷有加。鲍照尤其擅长七言歌行,还在诗中杂以各种句式,写了不少杂言式七言

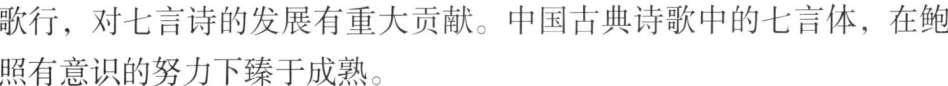

歌行，对七言诗的发展有重大贡献。中国古典诗歌中的七言体，在鲍照有意识的努力下臻于成熟。

### 三、谢朓

谢朓（464—499），字玄晖，陈郡阳夏（今河南太康）人。与同族先辈谢灵运先后媲美，世称"小谢"。他与谢灵运同以善写山水景物见长，但写作方法有异，更多地对自然景物作出选择、提炼并重新加以安排，显得更为完美。其诗风格清俊，声律谐协，特别擅长五言诗。他的名诗《晚登三山还望京邑》中的"余霞散成绮，澄江静如练。喧鸟覆春洲，杂英满芳甸"，纯用白描而对仗工整，声律语调又极为和谐，接近以后的唐诗。

## 第六节　南北朝乐府民歌

### 一、南朝乐府

南朝乐府民歌主要保存在郭茂倩编的《乐府诗集·清商曲辞》中，分为"吴声歌"和"西曲歌"两类。其诗多采于民间，内容多为男女情爱，富有浪漫色彩，情调婉转缠绵，诗歌形式多以五言四句为主，语言清新自然，多使用双关语，诗风明快。《子夜四时歌》是《子夜歌》的变曲，以四时景物为衬托唱出。《子夜四时歌·春风动春心》写美丽的春景引动了少女的春心。《西洲曲》属杂曲歌，内容是写一个女子对情人的思念，心理描写细腻，并与自然景色相交融，是南朝乐府民歌中艺术性最高的作品。

### 二、北朝乐府

北朝乐府民歌主要保存在《乐府诗集·梁鼓角横吹曲》中，内容

与社会生活联系紧密,主要描写战争及下层民众的生活,语言质朴无华,表情爽直坦率,风格豪放刚健。《敕勒歌》全诗仅二十七字,却展现了北方大草原广阔无垠、混沌苍茫的景象,并反映了北方民族的生活面貌和精神面貌。《木兰诗》为长篇叙事诗,是北朝民歌的代表作。这首诗写木兰女扮男装、替父从军、身经百战、功成身退的生动故事。木兰的形象塑造得十分美好,她集勤劳、孝顺、机智、勇敢、淡泊于一身,由此成为后代人心目中女英雄的典范。

 **思考题**

1. 怎样理解"建安风骨"?
2. 曹植诗歌的艺术特点是什么?
3. 什么是正始诗歌?
4. 西晋有哪些重要的诗人?他们诗歌的内容是什么?
5. 试述陶渊明田园诗的特色。
6. 南北朝乐府民歌的区别在哪里?

# 第六章 唐代诗歌（上）

## 第一节 初唐诗歌

### 一、近体诗的定型

近体诗的定型与南朝声律论的出现有密切的关系。南朝是文人们普遍关注声律的一个重要时期，有关声律的研究非常繁盛。关键的人物是南朝齐武帝永明时期的周颙（yóng）（生卒年不详）、沈约（441—513）、王融（467—493），他们的声律论对新诗体的形成产生了直接的影响。周颙有《四声切韵》，首先发明汉字的平、上、去、入四种声调；王融的《知音论》虽然没有写成，但他在这方面很有修养；从现存的文献来看，沈约的创造性贡献最大。沈约撰有《四声谱》，把对四声的讲究从文字学直接引向诗歌创作。所谓"四声八病说"讲的就是永明时期的声律理论，这种声律论包含两个方面：一是正面的、肯定性的，即四声论；一是反面的、否定的，即八病说。所谓八病说，是指作诗时在声律上要避免的八种毛病，即平头、上尾、蜂腰、鹤膝、大韵、小韵、旁纽、正纽。他们创作的诗歌是一种新的诗体，被称为永明体，领军人物就是沈约，另外，谢朓也是新诗体的代表性诗人。至梁代，许多诗人对于声律的讲究越来越细密，他们的诗歌在声律上越来越接近以后定型的近体诗。近体诗的定型，主要包括对仗、押韵、平仄、粘对等因素。

至唐代，对仗、押韵很容易得到初唐诗人的认同，而平仄、粘对

的成熟比较复杂，需要更多的实践经验才能证明声律的优美、节奏的和谐并具有一定的可操作性。在近体诗定型的过程中，初唐诗人上官仪（约605—665）、"初唐四杰"、沈佺期（约656—713）、宋之问（约656—712）等进行了大量创作，最终得以定型。上官仪是初唐贞观年间以"上官体"闻名的诗人，五言律诗在他那里已基本成型。他对对仗颇有研究，发明了"六对"①、"八对"②之说。"沈宋"在近体诗的定型中更是作出了杰出的贡献。可以这样说，近体诗的定型在初唐大致完成，它的彻底定型是在盛唐。

## 二、初唐诗人

### 1. "初唐四杰"

初唐诗人中最著名的是"初唐四杰"：王勃、杨炯、卢照邻、骆宾王。

王勃

他们是一群才情洋溢而地位不高的诗人，把唐诗从描写宫廷生活的狭窄内容中解放出来，抒写悲欢离合的人生感慨和建功立业的豪情。就诗歌体裁而言，大体说来，王、杨长于五律，卢、骆长于歌行。

王勃（650—676），字子安，绛州龙门（今山西河津）人。他幼年早慧，六岁能文，十五岁上书指陈朝政，号为神童。他的诗，以五律、五绝见长，题材多是抒情和赠答。五律《送杜少府之任蜀州》一诗，用朴素的语言直

---

① 六对：正名对、同类对、连珠对、双声对、叠韵对、双拟对。
② 八对：地名对、异类对、联绵对、回文对、隔句对、双声对、叠韵对、双拟对。

抒胸臆，洋溢着积极向上的乐观精神。"海内存知己，天涯若比邻"，超越了以往送别诗中浓郁的悲情，表现出志在四方的豪气。五绝《山中》一诗中"况属高风晚，山山黄叶飞"，用秋风黄叶烘托思归之情，意境浑融。七言歌行《滕王阁诗》在开阔高远的境界中融入思古幽情，感慨今昔，与其骈体文《滕王阁序》堪称双璧。

杨炯（650—约693），华州华阴（今属陕西）人，年近十岁就参加童子试，被誉为神童，但以后仕途不畅，曾任盈川县令，有《杨盈川集》十卷。他的诗歌中两个主题比较突出，一是山水行游，二是边塞从军。其中，后者写得雄浑壮丽，纵横奔放，如他的名篇《从军行》中的"宁为百夫长，胜作一书生"，豪情壮志，溢于言表，也开了盛唐诗人向往边塞生活的先河。他的五律尤其写得好，现存十四首五律，全部都符合近体诗的格律。

卢照邻（约630—约680），字昇之，号幽忧子，幽州范阳（今北京附近）人。他一生坎坷，贫病交加，患有风疾，晚年病重，不堪其苦，自投颖水而死。有《幽忧子集》十卷。他的诗有九十六首，以七言歌行见长。诗歌内容多是萧疏清冷的愁苦之音，也对社会的黑暗作了一定的揭露。他的代表作《长安古意》，用赋的手法，通过一个个侧面的展示，描绘了一幅规模宏大的都市风光图，酝酿出一种追逐权势、追求情欲、放纵享乐的气氛。诗人在描写时用了极为富丽的辞藻，浓墨重彩，十分生动，但在结尾处，笔锋一转，指出这一切现世繁华都是不可长久的。这首感慨今昔盛衰的诗作震动了当时的文坛。

骆宾王（约638—684），字观光，婺（wù）州义乌（今属浙江）人。他的诗歌主要抒写身世遭逢之感和建功立业的抱负，擅长七言歌行。代表作《帝京篇》从长安的壮观和豪华写起，转而抒发人事兴废的感叹，从中体悟人生哲理，最后抨击世态炎凉、贤者不遇的现实。整首诗气势奔腾，似乎看到后来李白歌行的影子。骆宾王最著名的诗歌是

他的五言律诗《在狱咏蝉》,他在诗中结合自己的身世遭遇,以高洁的蝉自喻,托物见志,慨叹朝廷视听不察,无人为自己昭雪冤屈,孤傲之气毕现。

2. 陈子昂

陈子昂(659—700),字伯玉,梓州射洪(今属四川)人。文明元年(684)进士及第,担任过右拾遗等官职,三十八岁辞职还乡,后被奸人所害。他是一位继"四杰"之后登上诗坛的革新旗手。他在《与东方左史虬(qiú)修竹篇序》里明确指出:"文章道弊五百年矣,汉魏风骨,晋宋莫传,然而文献有可征者。仆尝暇时观齐梁间诗,彩丽竞繁,而兴寄都绝,每以咏叹,思古人,常恐逶迤颓靡,风雅不作,以耿耿也。"他反对六朝华靡虚弱的文风,提倡诗歌应恢复汉魏风骨和风雅兴寄,为诗歌的发展指明了方向。

陈子昂

他的诗歌创作即是他诗歌革新理论的成果,代表作是《感遇》诗三十八首。这组诗歌的内容或借古讽今,或托物寄情,或讽刺现实,或感叹人生,风格激昂悲壮、质朴刚健,如《感遇·本为贵公子》把进取之情表现得十分昂扬,这里不再采用比兴手法,而是直抒胸臆,发出盛唐风骨的先声。组诗《蓟丘览古赠卢居士藏用》也是陈子昂的代表作,在这组诗中,诗人慷慨怀古,把个人不遇的感慨展放于宏阔的历史背景中,风格深沉悲壮。《登幽州台歌》是他著名的一首短诗,抒发了他失意时的孤寂情怀，虽牢骚满腹，一腔愤慨，表达的却是开创者的高蹈胸怀，显得悲壮而不消极。尽管他的律诗创作比较欠缺，基本上不写七言诗，但他对唐诗发展的影响却是深远的，他的《感遇》诗直接影响张九龄的《感遇》十二首和李白的《古风》五十九首。陈子昂奏响了盛唐之音的前奏。

3. 刘希夷和张若虚

刘希夷（651—约679），字庭芝，汝州（今河南临汝）人。辛文房《唐才子传》说他"美姿容，好谈笑，善弹琵琶，饮酒至数斗不醉，落魄不拘常检"。他擅长用歌行体写闺情、从军、怀古等乐府主题，风格婉丽。他的名诗是《代悲白头翁》，"年年岁岁花相似，岁岁年年人不同"是诗中的名句。

张若虚（约660—约720），初唐诗人，江苏扬州人。唐中宗神龙（705—707）年间，与贺知章、张旭、包融并称"吴中四士"。他的《春江花月夜》沿用乐府旧题，凭借清新优美的语言和婉转悠扬的韵律，生动细致地描绘了春江花月夜的景色，委婉地表述了思妇幽怨的闺情，构成了一幅情景交融、意境深远的艺术画面。此诗联想丰富，构思精妙，辞采清丽，音调和美。正因为如此，他才被闻一多先生在《宫体诗自赎》中誉为"诗中的诗，顶峰上的顶峰"。

## 第二节　盛唐诗歌

### 一、山水田园诗派

继陶渊明、谢灵运之后，盛唐时期中国山水田园诗又一次兴起与发展，显示了那个时代诗歌盛况的一个侧面。那些诗歌或描写雄壮广阔的山水胜境，或反映清幽恬静的田园生活情趣，充分展示了中国山水田园诗的魅力。这一派诗人中最著名的是孟浩然和王维。故又称"王

孟诗派"。

1. 孟浩然

孟浩然（689—740），名浩，字浩然，以字行，襄州襄阳（今湖北襄樊市）人。他长期居家生活，并曾一度隐居于家乡附近的鹿门山。孟浩然终身不仕，一生有很浓的隐逸色彩。李白把他视作与世无争的高士："吾爱孟夫子，风流天下闻。红颜弃轩冕，白首卧松云。"①其实，孟浩然有很强的进取心，他在《临洞庭湖赠张丞相》诗中，就含蓄地让当时作丞相的张九龄援引他，只是机会并没有向他招手，他又不愿意奔走钻营，才没有发达起来。

孟浩然在盛唐诗人中年辈最高，最早摆脱初唐狭隘的诗境，是一个大力创作山水田园诗的诗人。在他的诗里，既成功地描绘出一系列幽雅恬静的环境，也塑造了一个生活在其间的高洁之士的形象。他的代表作《过故人庄》一诗，用通俗的语言描写了朴质无华的田园生活，非常切近生活。《夏日南亭怀辛大》一诗，夏夜之景明秀出尘，怀友之情悠然淡远，情景浑然为一，简直无迹可寻。一般说来，他的诗在艺术上表现为精巧、清丽、纯朴、

孟浩然

---

① 李白《赠孟浩然》。

自然，语言较为浅近。

2. 王维

王维（701—761），字摩诘，祖籍太原祁县（今属山西），后迁居蒲州（今山西永济）。他十七岁写下的"每逢佳节倍思亲"[①]一句，至今广为流传。他不仅诗才早慧，而且能书善画，精通音律。二十岁中进士，开始进入官场，但他不热心做官，走上了一条半官半隐的道路，写下了大量的山水田园诗。

他的诗歌创作，可分为前后两期。前期作品酣畅豪放，乐观进取，创作中表现了积极向上的时代精神和生活态度。王维主要有游侠诗和边塞诗，如《老将行》、《使至塞上》、《观猎》等。这些诗笔力雄健，情调激昂，风格豪放，体现了一种阳刚之美。在王维后期的诗歌中，山水田园诗，在他的笔下，写出了一种宁静恬适的境界。《山居秋暝（míng）》一诗，写秋日雨后黄昏的迷人景色和他山居时融怡陶醉的心境，至澄至清，没有一丝一毫的世俗气息。另一首《渭川田家》写野老牧童、牛羊雉蚕、麦苗桑叶，也把田园生活写得宁静、和谐而温馨。还有一种能代表他特色的诗歌，如《辋（wǎng）川集》。这类诗歌写空寂之景，以动衬静，用画面表达情感，充满禅意，"诗中有画"，达到了情景交融的艺术境

王维

---

① 王维《九月九日忆山东兄弟》。

界。《鹿柴》就是《辋川集》中的一首绝句，写清幽之景，达到了物我两忘、与万化冥合的境界。他的《送元二使安西》，又名《渭城曲》，是一首著名的赠别朋友的抒情绝句。"劝君更尽一杯酒，西出阳关无故人"，情深意重，至今传唱不绝。

3. 其他山水田园诗人

除孟浩然、王维外，这一派山水田园诗人中，还有储光羲、常建、祖咏等。

储光羲（706—763），诗风朴素，更接近于孟浩然，喜欢题咏田园恬适之乐。《杂咏五首·钓鱼湾》是他的名作，意象明秀，兴致清逸。常建（生卒年不详），最著名的山水诗是《题破山寺后禅院》，空灵静寂的诗境，以及诗境中融合的禅意，都近于王维富有禅意的诗作。祖咏（生卒年不详），洛阳人，代表作是《终南积雪》。

## 二、边塞诗派

唐玄宗开元、天宝时期频繁的对外战争为人们提供了建功立业的机会，也激发了诗人的边塞豪情。有些诗人还有从军入幕或边塞漫游的经历。他们将所见、所感、所思表现于诗歌，促成了中国诗歌史上边塞诗创作高潮的到来。盛唐时期的边塞诗以边塞战争为主要题材，但也不局限于此。边塞的奇异风情，军中的苦乐悬殊，诗人建功立业的愿望和慷慨不平的意气，甚至一些送人出塞的诗歌都应包括在内。边塞诗景象开阔，气势宏伟，情调悲壮，声情激越，大多采用七言歌行和七言绝句的形式。这一派诗人中最著名的是高适和岑参。故又称"高岑诗派"。

1. 高适

高适（约700—765），字达夫，渤海蓨（tiáo）县（今河北景县南）人。少孤贫，喜欢交游，为人不拘小节，颇有游侠之风。二十岁时曾经游历长安，求仕不遇；后来北上蓟门，又失意而归。从此，他滞留在梁宋（今河南开封、商丘），四十八岁时经人推荐，出任封丘尉。但他不愿鞭挞无辜的百姓，不愿献媚官长，弃官而去。后来投在河西节度使哥舒翰的幕下，作记事参军。安史之乱后，官至散骑常侍，封渤海县侯。世称"高常侍"。有《高常侍集》，存诗二百四十余首。

高适的诗歌有得意的高唱，也有失意的悲吟，或得意或失意，使感情跌宕起伏，从而形成悲壮雄豪的主导风格。还有一些送别应酬诗。

高适

《别韦参军》、《封丘作》等诗或慨叹穷愁潦倒，或慨叹为官的艰难，而《别董大》、《塞下曲》等诗则唱出了雄豪的歌吟。最有名的诗作是《燕歌行》，这也是唐代边塞诗中的压卷之作。诗人把慷慨应征、转战绝域，以至久战不归、两地相思、军中苦乐不均和荒凉的塞外风景，一一写入诗中。他在这首七言歌行里，融进了许多律句，讲究对偶，使音节更和谐、更上口，在歌行体中别具特色。他诗歌创作的特点，正如殷璠（fán）《河岳英灵集》所指出的"多胸臆语，兼有气骨"，说出了高适豪放有力、粗犷直言的诗歌风格。

2. 岑参

岑参（约715—770），祖籍南阳（今属河南），生于江陵（今属湖北）。有《岑嘉州集》。他出身官宦之家，幼年丧父，家道中衰，但他奋发有为，读书上进，擅长诗文。三十岁考中进士，三十五岁入安

西节度使高仙芝幕中掌书记。三年后又随封常清出任安西北庭节度判官。安史之乱后回到朝廷，经杜甫推荐任右补阙，五十岁任嘉州刺史，五十六岁死于成都。

岑参两度出塞，对边塞生活十分熟悉。因此他的诗能真实地、生动地描写奇丽的边塞风光和激烈的战斗场面，深刻地表现他的爱国主义情怀。他边塞诗中鼎足而三的杰作是《走马川行奉送出师西征》、《轮台歌奉送封大夫出师西征》、《白雪歌送武判官归京》。《白雪歌送武判官归京》一诗，以北国风雪起句，笔锋突然一转，写出"忽如一夜春风来，千树万树梨花开"的绚丽烂漫春色，为全诗定下了豪迈乐观的基调。此诗在描写冰天雪地的同时，也写出了炽热的送别友情。诗作没有丝毫哀伤的情调，这在古代送别诗中是少见的。岑参的诗富于幻想，善于夸张，描写边塞奇景。如《走马川行奉送出师西征》中的"轮台九月风夜吼，一川碎石大如斗，随风满地石乱走"、《热海行送崔侍御还京》中的"侧闻阴山胡儿语，西头热海水如煮。海上众鸟不敢飞，中有鲤鱼长且肥。岸旁青草长不歇，空中白雪遥旋灭。蒸沙砾石燃虏云，沸浪炎波煎汉月"等无不写得新奇出色，让人叹赏有加。《河岳英灵集》是这样评价他的诗的："语奇体峻，意亦造奇"，

岑参

这确实是他诗歌的特色。

3. 其他边塞诗人

除高适、岑参外，可列入边塞诗派的著名作家还有王昌龄、李颀及王之涣等。王昌龄（？—约756），字少伯，京兆长安（今陕西西安）人，他的边塞诗以七言绝句的形式来表现，人称"七绝圣手"，边塞诗的代表作主要有《从军行》七首和《出塞》二首。《从军行》其一说他对家人的相思无可奈何，意味深远；其二写离别之情，悲中含豪，怨中有壮；其四写不破楼兰誓不还家，极为豪迈；其五写前军大获全胜，极有声势。上述几首用极为凝练的语言把边塞主题的常见题旨熔铸起来，写出了丰富的意蕴。他的《出塞·秦时明月汉时关》更被誉为唐人七绝的压卷之作，诗中有对历史的反思，也有对现实的隐喻，写得深沉含蓄，耐人寻味。李颀（？—约753），东川（今四川三台）人。他擅长七言歌行，代表作有《古从军行》，悲壮中见豪迈，可与高适《燕歌行》相媲美。王之涣（688—742），字季陵，并州晋阳（今山西太原）人，他的《凉州词》，写塞外荒寒壮阔之景，以透露征人久戍思家的哀怨。

## 第三节　李白

### 一、李白的生平

李白（701—762），字太白，祖籍陇西成纪（今甘肃静宁），生于中亚碎叶（今吉尔吉斯斯坦托克马克附近），约五岁时随父亲迁居绵州彰明县（今四川江油市）青莲乡，因而自号青莲居士。他的父亲可能是位商人，家境十分富裕。他的青少年时期在蜀中度过，自幼涉猎的学问很广泛，爱好也多种多样。攻读儒学，练习剑术，学习神仙，交接道士，漫游蜀地，是他早期生活的真实写照。二十四岁时"仗剑去

李白

国,辞亲远游",离开四川去追求政治上的出路和诗坛声誉。他沿江而下,漫游了湖北、河南、山东、安徽、江苏、浙江等地,走了大半个中国,却未受到朝廷的重视,失意而回。四十二岁时,经道士吴筠的推荐,唐玄宗下诏召李白去长安,任命他做供奉翰林。这时的李白欣喜若狂,以为发挥政治才华的机会到了,临行前这样写道:"仰天大笑出门去,我辈岂是蓬蒿人。"①李白来到长安后,一度确实得到玄宗皇帝的隆重接待,但玄宗主要赏识他的文学才华,让他写诗点缀大唐王朝的盛世景象,而没有给李白在政治上显露才华的机会。因此,李白大失所望,心情陷入苦闷之中,每天与人喝酒解闷,李白的性格又傲岸不羁,蔑视权贵,很快就蒙受权贵的谗言,愤然离开长安。不久,李白在洛阳认识了杜甫,两位大诗人同游了不少地方,"醉眠秋共被,携手日同行"②,结下了深厚的友谊。李白与杜甫分手后,继续他的漫游生活,最后隐居在江西庐山的屏风叠。安史之乱爆发后,富有政治热情的李白,出于报国平乱的愿望,毅然加入永王李璘(lín)的幕府。但唐肃宗李亨以为永王李璘想谋反,与他争夺江山,派兵消灭了李璘。李白在永王的军营

---

① 李白《南陵别儿童入京》。
② 杜甫《与李白同寻范十隐居》。

里也牵连入狱，后经人搭救，死罪免去，流放夜郎，走到巫山一带时，幸好朝廷大赦，他得以获释。此后，李白漂泊在江南一带，报国之志一直未衰，后病死于安徽当涂，终年六十二岁。

### 二、李白的诗歌

李白的诗歌表现了他一生的思想和经历，也表现了盛唐时代的社会现实和精神面貌，内容十分丰富。首先，他的诗表现在他怀抱为国建功立业的政治理想，始终关怀祖国的命运和前途，如"大鹏一日同风起，扶摇直上九万里"[①]。他的《古风·西上莲花山》一诗，用游仙体，结尾处还是从幻想回到现实，对叛军的残暴表示愤怒，对民众的苦难寄予同情。第二，他的诗充分表达了他酷爱自由的追求和蔑视利禄、鄙弃富贵的思想，如"安能摧眉折腰事权贵，使我不得开心颜"(《梦游天姥吟留别》)。第三，他的一些诗抒写了对友人的真挚情谊和对民众的亲切感情，如"桃花潭水深千尺，不及汪伦送我情"[②]。第四，他创作了大量描写自然风景的诗作，并寄情于景，如"日照香炉生紫烟，遥看瀑布挂前川，飞流直下三千尺，疑是银河落九天"[③]。

李白是继屈原之后最伟大的浪漫主义诗人。他的诗歌，不仅具有最强烈的浪漫主义精神，而且还创造性地运用了一切浪漫主义的手法，使内容和形式得到高度的统一。具体表现为：一，他那炽热的感情，强烈的个性，在表现各种生活的诗篇中都打下了不可磨灭的烙印，处处留下浓厚的自我表现的主观色彩；二，他在感情的表达上不是掩抑收敛，而是喷薄而出，一泻千里，当平常的语言不足以表达其激情时，就用大胆的夸张，当现实生活中的事物不足以形容、比喻、象征其思

---

[①] 李白《上李邕(yōng)》。
[②] 李白《赠汪伦》。
[③] 李白《望庐山瀑布》。

想愿望时,就借助非现实的神话和种种奇丽惊人的幻想,如《梦游天姥吟留别》;三,他的诗歌往往呈现感情充沛,瞬息万变的特色,如《将进酒》、《行路难》等。李白的诗歌除具有浪漫主义的特色外,还具有语言明白自然,不见苦吟推敲痕迹,无意于工而无不工的显著特色。"清水出芙蓉,天然去雕饰"①,他的这两句诗正是他诗歌语言最生动的形容和概括。

### 思考题

1. 近体诗是如何定型的?
2. 简述初唐四杰在唐代诗歌发展中的意义。
3. 试论陈子昂的诗歌理论及诗歌创作。
4. 山水田园诗派的特点是什么?
5. 为什么会出现边塞诗派?他们的艺术成就有哪些?
6. 简述李白诗歌的艺术成就。

---

① 李白《经乱离后天恩流夜郎忆旧游书怀赠江夏韦太守良宰》。

# 第七章 唐代诗歌（下）

## 第一节　杜甫

### 一、杜甫的生平

杜甫（712—770），字子美，河南巩县人，出身于一个具有悠久传统的官僚世家。祖父杜审言是初唐著名诗人，对杜甫的成长很有影响。父亲杜闲也做过兖州司马、奉天县令。因此，杜甫接受的家庭教育是正统的儒家教育，他也自称"奉儒守官，未坠素业"①。他七岁能诗，十四五岁出入文场，并小有声名。二十岁以后的十几年中，他基本过着漫游的生活，曾到过吴、越一带，又游至齐、赵之间。期间，二十四岁时首次赴进士考，落第。三十五岁至长安，次年再赴进士考，又落第。起初，他对求取功名满怀信心，

杜甫

---

① 杜甫《进雕赋表》。

以为成功指日可待，但滞留长安十年却接连碰壁，生活陷入困顿。"朝扣富儿门，暮随肥马尘，残杯与冷炙，到处潜悲辛"是他那时的生活写照。他向玄宗献赋，求权贵引荐，最后只做得一个卑微的小官。很快安史之乱爆发，杜甫一度困于叛军占据下的长安，后只身出逃，历尽艰辛，投奔驻在凤翔的唐肃宗，任左拾遗。不久因上疏救房琯（guǎn），触怒肃宗，被贬斥。迫于生活的压力和对仕途的失望，他丢弃了所任的微职而进入蜀中求生存。到达成都不久，依靠朋友严武的帮助，他在城西建了一座草堂。在最初的二年多时间里，他的生活较为安逸。但蜀中并非安定之所，他经历过一次大的动乱，一度携家流浪。严武死后，彻底失去了生活上的依靠，杜甫只好带着家小，登上一条小船，过起流浪逃难的生活。他沿江而下，一路漂泊。五十九岁时，在湖南湘江的一条小船上，凄凉地结束了艰难漂泊的一生。

## 二、杜甫的现实主义诗歌

杜甫的生活经历兼跨震撼唐王朝的"安史之乱"前后时期，诗歌内容丰富。青年时期的杜甫雄心勃勃，诗作多自述抱负、抒写理想之作，但留存数量不多。最成熟的代表作品大部分写于唐王朝急遽衰退的动乱期间，由"安史之乱"造成的动乱景象、民生疾苦及其后社会凋敝的面貌，猛烈地撞击着诗人的心灵。他用血泪之笔，记录下一段民族的苦难历史，深刻地揭示了那个剧烈动荡时代的社会矛盾，是变乱时代的伟大"史诗"，忧国忧民的情怀是这部分诗歌的核心内容。此外，他还常常描摹风光景物，抒发日常生活的情思，以及咏怀历史遗迹，也同样饱浸着对国家和人民的深挚感情。《自京赴奉先县咏怀五百字》是反映安史之乱前后社会真实情况的长篇史诗。诗中记述的自身遭遇和旅途中的所见所闻，皆与时代息息相关，"朱门酒肉臭，路有冻死骨"是当时尖锐的社会矛盾的最好概括。全诗集叙事、抒情、说理于一体，写得波澜浩瀚，极为壮观。《春望》一诗，作于杜甫受困长安之际。当时长安被安史叛军焚掠一空，满目荒凉。诗人触景生情，抒写感时恨别、忧国思家的感慨。《石壕吏》、《新婚别》是杜甫著名的"三吏"、"三别"中的作品，反映了普通百姓在残酷的兵役下所遭受的痛楚。《石壕吏》写一个根本没有服兵役义务的老妇被官差捉去当差，而《新婚别》则写新婚的妻子送新郎赶赴生死未卜的战场，心情更见沉痛复杂。《茅屋为秋风所破歌》写出了杜甫"安得广厦千万间，大庇天下寒士俱欢颜"的忧民之心。

杜甫诗歌的艺术成就是卓越的。首先，现实主义精神贯穿于杜甫一生的创作实践。在诗作中，他把个人遭遇同时代的不幸、民众的苦难紧密联系起来，全面深刻地反映了所处历史时代的广阔的社会内容。他笔下的人物、事件乃至景物、风俗，无不体现出一定时代的特征，尤其表现当时重大的时事内容，闪耀着现实主义的光芒。其次，杜诗形式多样，无论长篇短制，还是古风近体，皆运用自如，五、七言律诗和五、七言古体诗，在唐代皆为一流。再次，杜诗的语言讲究反复锤炼，"语不惊人死不休"[①]，因而，他的诗歌语言凝练概括，准确生动，耐人吟诵。最后，杜甫诗歌最突出的风格是沉郁顿挫，他的诗意境壮阔，感情深沉，凝练警策。

## 第二节　中唐诗歌

中唐是唐诗流派纷竞的时代，当时诗坛主要有大历、贞元年间的一派诗人，包括刘长卿、韦应物和"大历十才子"；元白诗派，包括元稹、白居易、张籍、王建、李绅等；韩孟诗派，包括孟郊、韩愈、贾岛、姚合等；其他还有刘禹锡、柳宗元、李贺等诗人，无

---

[①] 杜甫《江上值水如海势聊短述》。

不独具风格。

## 一、刘长卿、韦应物和"大历十才子"

### 1. 刘长卿、韦应物

刘长卿(约727—约790),字文房,河间人,进士出身,官至随州刺史。他的诗在反映这一时期诗人的孤独冷漠的心态方面具有代表性。他一生的大部分时光是在逆境中度过的。长期的抑郁寡欢,使他的诗歌在冷落寂寞的情调中,又平添了一些惆怅衰飒的心绪,显得凄清悲凉。他的五言诗写得最好,曾经自许为"五言长城",最著名的诗是《逢雪宿芙蓉山主人》,诗中把雪夜投宿山中贫寒主人家的情景,刻画得形象突出,有如一幅风景画。诗作文字省净优美,意境悠远,然而诗中弥漫着一层难于言说的冷落寂寞的情思,透露出浓重的衰飒索寞之气。

韦应物(约737—约791),长安人,少年时一度放浪,后来折节读书,曾任苏州刺史等职。他的诗歌多为山水田园之作,具有宁静安详的境界,如《滁州西涧》一诗,只用淡淡几笔就把春雨中的荒山野渡,写得优美如画,野趣天成,也写出了诗人待渡的怅惘心情,形成高雅明净的独特风格。

### 2. "大历十才子"

"十才子"之名,最初见于中唐诗人姚合编的《极玄集》,即李端、卢纶、吉中孚、韩翃(hóng)、钱起、司空曙、苗发、崔峒、耿湋、夏侯审。十才子的诗歌成就名不副实,无论在思想上还是在艺术上都没有太多的创造。他们已经失去了进取的热情,其主要兴趣在于描写山水景物、日常琐事、寂寞的情怀以及羁旅愁思,有时表现出一些隐逸情怀。他们比较有名的作品如韩翃的《寒食》、司空曙的《江村即事》、卢纶的《塞下曲》等。他们在艺术上总的看来注重格律的工稳、词藻的华丽和诗意的尖新。他们在技巧上趋于细腻,诗作往往精致工整，情调凄清萧瑟。

## 二、元白诗派

中唐时期，白居易、元稹等诗人，继承杜甫的现实主义文学传统，直面生活，觅取诗材，写下大量歌咏新题材、运用新语言、标以新诗题的乐府诗，这就是新乐府，又叫"新题乐府"，从而形成新的诗歌流派和新的时代风格。新乐府诗人的作品广泛地揭露了社会弊病，充分反映了民众的疾苦，加之取材典型，形式通俗，语言浅近，意脉自然流畅，因此广为传播，一时风行诗坛。

### 1. 元稹（zhěn）

元稹（779—831），字微之，河南河内（今河南洛阳）人。元稹与白居易交谊深厚，文学观念也基本一致。元稹首先注意到李绅的《新题乐府》，并写有《和李校书新题乐府十二首》，所以他的新乐府创作比白居易更早一些，但他的艺术成就远逊于白居易。他的长篇叙事诗《连昌宫词》当时盛传，可艺术成就远不如《长恨歌》。倒是他的五绝《行宫》"寥落古行宫，宫花寂寞红。白头宫女在，闲坐说玄宗"写得含蓄有味。他最好的诗是悼念妻子韦丛的《遣悲怀》三首，这三首悼亡诗所写大都是日常生活的琐事，但感情浓郁真挚，前人谓"古今悼亡诗充栋，终无能出此三首范围者，勿以浅近忽之"①。

与元稹、白居易以乐府诗著名的诗人还有李绅、张籍、王建。李绅（生卒年不详），字公垂，最早有意识地标榜"新题乐府"，使之区别于旧题乐府，还写有《新题乐府》二十首，直接影响到元稹、白居易的创作，但已散佚。他的《悯农》二首广为流传，同样能体现新乐府的创作精神。

---

① ［清］蘅塘退士《唐诗三百首》。

## 2. 白居易

白居易（772—846），字乐天，晚年自号香山居士。下邽（guī，今陕西渭南）人。元和三年（808）至五年（810）任左拾遗，是他从事新乐府创作的高潮时期。他的诗歌是他诗歌理论的成果，他的诗歌理论强调诗歌的社会与政治功能。在元和四年所作的《新乐府序》中，白居易明确提出诗歌应该"为君为臣为民为物为事而作，不为文而作也"。他把文学当作救济社会、改善人生的利器，要求诗歌能"补察时政"和"泄导人情"。他在《与元九书》中也提出："文章合为时而著，歌诗合为事而作。"它的消极意义是显然

白居易

的：诗歌功能纯粹是政治与教化，诗歌处于从属性和工具性的地位，忽视了它自由抒情的意义，以及审美功能和娱乐功能。他的这种诗歌理论实际上是汉儒诗说的继续和发展。

他曾把自己的诗歌分为四类：讽喻诗、闲适诗、感伤诗、杂律诗。他最为人称道的是他标为"讽喻"一类的诗歌，有《秦中吟》十首及《新乐府》五十首。在这

《长恨歌》

些诗歌里,他关心现实政治、关心社会问题,以乐府民歌的精神,大胆揭露社会政治中的种种黑暗现象。如《卖炭翁》一诗写"宫市"之害,诗以卖炭翁的遭遇这个典型事例,揭露了中唐以后朝廷直接掠夺百姓财物的一种最无赖、最残酷的方式。他的《长恨歌》前半写杨贵妃从入宫到安史之乱的事由,对君王耽色误国有极强的讽刺意味。诗的后半,诗人用更多的笔触在描述杨贵妃与唐玄宗的爱情悲剧,显然注入了太多的同情。因而此诗的主题呈现双重性。此诗与《琵琶行》是他感伤诗中著名的两首长诗,代表了他诗歌的最高艺术成就。他的闲适诗和杂律诗,多是描写风光、吟咏性情之作,具有清新明朗、自然朴素之美。《赋得古原草送别》是一首送别诗,通篇用原上草比喻别情,想象十分别致。《暮江吟》抓住江边黄昏前后变幻不定的景色,描绘了一幅"暮色秋江图"。

白居易的诗歌在语言上有明显的特点,就是浅白。他的新乐府也好,其他的诗也好,大都偏向通俗平易,而且意绪流贯,无跳跃感。这种语言特点和白居易诗中的世俗化趣味一拍即合。这使得白居易的诗歌赢得了最广泛的读者。

3. 张籍、王建

张籍(约766—约830),字文昌,原籍苏州(今属江苏),后移居和州(今安徽和县)。从他的九十多首乐府诗来看,大都写民生疾苦,能够把感情融化在语调平淡的叙写中,但其中的讽刺力量还是很强的。如他的《野老歌》一诗,写耕种者家贫无粮,官仓里的粮食却变为泥土,尤其那些商人,并不耕作,却"船中养犬常食肉"。诗人在不露声色中把民生疾苦及其根源揭露了出来。张籍的诗贴近日常生

《琵琶行》

活,不求怪奇,看似平淡,而实不乏锤炼之功,诚如王安石所言"看似寻常最奇崛,成如容易却艰辛"①。他的《秋思》也很出色,"复恐匆匆说不尽,行人临发又开封",能抓住日常生活中不易觉察的细节,来表现思念家人的复杂心理。

王建(约766—约830),字仲初,颖川(今河南许昌)人,出身寒微,一生潦倒。他的乐府诗与张籍齐名,世称"张王乐府",内容、风格也大体相近,艺术表现比张籍更为含蓄。诗歌有《织锦曲》、《簇蚕词》等,贴近百姓的日常生活,感同身受地体验他们的欢乐与痛苦,不言讽喻,而以声情动人。

### 三、韩孟诗派

韩愈与孟郊是韩孟诗派的主力,韩愈的诗奇崛险怪,孟郊的诗瘦硬奇警,各显特色。

#### 1. 韩愈

韩愈(768—824),字退之,河南南阳(今河南孟县)人,因昌黎有韩氏望族,故后人称他为韩昌黎。韩愈幼年失去父母,由嫂嫂抚养成人。他自幼好学,二十四岁考中进士,以后开始做官。他为人忠正,敢于直言,曾经两度降职:一是因为关中旱饥,上书请求减轻徭役赋税而被贬为阳山(今属广东)县令;二是因为上表谏迎佛骨而被

韩愈

---

① 王安石《题张司业诗》。

贬为潮州刺史。韩愈曾经做过监察御史、国子博士、京兆尹等官，为官清正廉明，在政治上很有声望。他五十七岁病故，谥号为"文"，后世称他为"韩文公"。

韩愈是古文大家，在诗歌领域也成就卓著。他对诗歌创作有强烈的创新意识，具体而言，他善于构造光怪陆离的境界，以丑为美，以滑稽谐谑的笔调写诗，以文为诗，对唐诗作了新的开拓，在杜甫之后，把诗歌的发展又推进了一大步。

诗歌创新使韩愈的诗歌出现了一些违背诗歌创作规律的弊端，但同样也给他的诗歌带来了前人未有的新气象，一些诗歌也写得很成功。《山石》是一首描写自然景物的诗，用素描式的散文笔调，描写了寺里从黄昏、深夜到天明的山间景色，一句一景，如展画图，南国风光极为显著。这首诗风格清新，语言平易，是韩愈诗中别具一格的作品。他也能写出近于盛唐的诗歌，著名的《早春呈水部张十八员外》二首其一即是，七律《左迁至蓝关示侄孙湘》也写得感情真挚、气度博大，是唐诗史上的名篇。

2. 孟郊

孟郊（751—814），字东野，湖州武康（今浙江德清）人。当时与贾岛齐名，有"郊寒岛瘦"①之评。他终身穷苦，作诗苦吟。他写自己的穷苦生活，写老病愁怨，写阴森恐怖的气氛，甚至有意识地把丑怪的事物写入诗中。这样，他写的诗歌意象与境界，对传统诗歌而言是非常陌生的、异乎寻常的，与中唐以前的诗歌在审美上大异其趣，但能够激起人们的同情和哀怜。他的《游子吟》写得十分平易。诗歌撷取慈母缝衣这一细节，着意渲染，写出了伟大的母爱。

3. 贾岛、姚合

贾岛（779—843），字阆仙，一作浪仙，范阳（今河北涿县）人。

---

① 苏轼《祭柳子玉文》。

贾岛作诗刻意苦吟,诗风与孟郊相近,都着力于摹写穷愁苦寒的生活。他的《送无可上人》以"独行潭底影,数息树边身",写出了送走友人后的孤单寂寞,极为生动传神。他在这两句旁边加小注说:"两句三年得,一吟双泪流。知音若不赏,归卧故山秋。"可见其苦吟之深。他的《访隐者不遇》、《题李凝幽居》等都是成功的作品。姚合(约775—约846),陕州(今河南陕县)人。他曾选编盛中唐诗歌百余首,名为《极玄集》,作诗以精工平淡为宗旨,成就逊于贾岛。

### 四、中唐其他诗人

#### 1. 刘禹锡

刘禹锡(772—842),字梦得,洛阳(今属河南)人,与白居易相唱和,并称"刘白"。他个性豪强,可从他的感怀诗中领略,如《再游玄都观》,即使人到晚年,精神犹自豪迈。他的许多咏史怀古诗写得非常出色,如《西塞山怀古》、《金陵五题》等,开晚唐咏史怀古诗之风气。《西塞山怀古》一诗,借晋、吴兴亡史事,抒发了他反对藩镇割据、维护国家统一的政治愿望。刘禹锡还常从民间文学中汲取营养,写出富有民歌特色的诗歌。如《竹枝词·杨柳青青江水平》用"晴"、"情"的双关谐音,描绘了青年男女互相吸引、追求爱情幸福的情景。

柳宗元

#### 2. 柳宗元

柳宗元(773—819),字子厚,

河东（今山西永济县）人，也称柳河东，因为曾经被贬为柳州（今广西柳州市）刺史，又称柳柳州。他的诗，有的暗指时政，表现内心的愤懑与不平；有的描绘山水风景，借物抒情。他的《登柳州城楼》是他在贬官柳州后写给同时被贬的四位朋友的诗。诗中不仅表现他离乡别友的悲苦心情，也托景寓意，流露了对时事的忧伤和对险恶处境的忧虑。他的《江雪》仅用二十字就把深山寒江、孤舟垂钓的寂静幽深的景象描绘了出来，是寓情于景的典范诗作。他的《渔翁》《溪居》等，情调悠然闲淡，但这样的作品是很少见的。

3. 李贺

李贺（790—816），字长吉，生于福昌（今河南宜阳），祖籍陇西。他的诗，大都是抒发个人惆怅抑郁心情的作品。诗歌想象丰富，构思奇谲，词采绚丽，妙语连珠，时有惊人之笔，创造出幽奇瑰丽的意境，浪漫主义色彩极其浓烈。可以说，李贺是唐代富有创造性的诗人之一，曾经有"鬼才"的称号。他的《致酒行》一诗写饮酒时的牢骚感慨，从历史上一些穷通变化的事例中，说明人生遭遇的无常。末尾四句，特为豪健警拔，表现出作者积极要求舒展抱负的心情。他的《梦天》、《李凭箜篌（kōnghóu）引》等诗作，展露了他奇特的想象，意象斑驳瑰丽。

李贺

## 第三节　晚唐诗歌

文学史所说的晚唐，大致说来，始于唐文宗时期，终于唐朝灭亡，共约八十年（827—907）。这个时期，宦官操纵时局，士大夫党争不休，藩镇对抗朝廷，经济日渐凋敝。因此，整个时代的诗歌笼罩在哀婉和衰飒的气氛中。诗人作诗的题材大致不超出历史、自然和爱情之外。这时期最杰出的诗人是李商隐和杜牧，人称"小李杜"。

### 一、杜牧

杜牧

杜牧（803—852），字牧之，京兆万年（今陕西西安）人。他原本有宏大的抱负，自称"平生五色线，愿补舜衣裳"①，又博古通今，喜欢谈兵议政，留心"治乱兴亡之迹，财赋甲兵之事，地形之险易远近，古人之长短得失"②，有相当的政治军事才能。但是激烈的党争和宦官弄权的大环境阻碍了这种理想的实现，他在感慨怀才不遇之外，又在歌舞声色之中麻醉自己："落魄江湖载酒行，楚腰纤细掌中轻。十年一觉扬州梦，赢得青楼薄幸名"，应是他青年时期真实生活的写照。这种任性放旷的生活又不能真正超

---

① 杜牧《郡斋独酌》。
② 杜牧《上李中丞书》。

越，悲愤苍凉的丝丝情绪不时流露，最终却依然显示出放达、傲岸和豪迈的气度，这就是杜牧。

杜牧的诗歌多是咏史感怀、写景抒情之作，善于用极精练的语言勾勒出鲜明的画面，并且于委婉含蓄之中，流露出无限感慨，使人玩味不尽，其风格豪健跌宕，情致俊爽。《泊秦淮》一诗，借南朝陈后主纵情声色，终至亡国的史实，谴责了当时荒淫腐朽、醉生梦死的统治者。全诗即事抒怀，讥讽与感慨相结合，明白浅显，但意味深远。他的《山行》一诗，把山中秋色写得明朗绚丽，"停车坐爱枫林晚，霜叶红于二月花"二句，赞美了大自然的秋色美，表现出诗人英爽俊拔的个性和才气。

## 二、李商隐

李商隐（813—858），字义山，号玉谿（xī）生，怀州河内（今河南沁阳）人。早岁丧父，自称"四海无可归之地，九族无可倚之亲"①。十八岁拜谒令狐楚，令狐楚赏识他的才华，引为幕僚并且亲授骈文。二十六岁考中进士，第二年入王茂元幕府，王茂元赏识他的才华而以女妻之。令狐楚属牛党，王茂元属李党，当时牛李党争②激烈，李商隐便身处夹缝，两面受气，一生仕途困顿，宏图难展，最后在穷困中客

李商隐

---

① 李商隐《祭裴氏姊文》。
② 唐朝末年以牛僧孺为首领的牛党和以李德裕为首领的李党争权夺利的派系斗争。

死异乡。

　　李商隐写有一百多首政治诗,这类诗反映的内容较为广泛,如其中最有名的《行次西郊作一百韵》,汲取了杜甫"诗史"的精神,勾画出唐王朝大崩溃前夕的社会面貌。又如《登乐游原》一诗,诗人纵目眺望转瞬即逝的绚丽夕阳,心事浩茫,也许会涌起迟暮之感、沉沦之痛,也许眼前的景象就象征着大唐王朝的奄奄一息。他的爱情诗更为著名,常常标作《无题》,写爱情和相思的痛苦,寄意幽微,一往情深。如《无题·相见时难别亦难》一诗,就是一首诉相思之情,叙别离之苦,对重逢寄托希望的情诗。"春蚕到死丝方尽,蜡炬成灰泪始干"两句,已成为描写爱情的绝唱。李商隐擅长近体诗,尤长七言律诗,典雅华丽,属对工整,深情绵邈,形象鲜明。

## 三、晚唐其他诗人

　　温庭筠（约812—约870）,字飞卿,太原（今属山西）人。以词著名,他的诗与词风相通,尤其乐府类,在描摹女性的美貌以及表现男女之情方面显得非常突出。诗中色彩秾（nóng）丽,艳情诗的气息较为明显。他与李商隐并称"温李",但从艺术创造性而言,远不如李商隐。他的《瑶琴怨》是他诗中的佳篇,可与李商隐诗媲美。温庭筠也有些以写景抒情见长的诗作,如人们熟知的《商山早行》,第二联"鸡声茅店月,人迹板桥霜",由几组意象平列组合而成,是唐诗中的名句。

　　韩偓（844—923）,他的诗与李商

温庭筠

隐、温庭筠的诗同为一路，以写男女之情的绮丽诗歌出名。他的《香奁（lián）集》为人们所熟悉，这部集子的内容和风格正如诗集的名字一样，带有艳情诗的特征。

晚唐后期，韦庄（约836—910），字端己，是一位比较重要的诗人。长篇歌行《秦妇吟》是他的一部重要作品，与汉乐府《古诗为焦仲卿妻作》和北朝的《木兰诗》并称"乐府三绝"。

 思考题

1. 杜甫现实主义诗歌的主要内容是什么？
2. 杜甫诗歌的艺术成就有哪些？
3. 简述白居易的诗歌理论及其诗歌创作。
4. 韩孟诗派的特点是什么？
5. 请举例谈谈李贺的诗歌创作。
6. 简述晚唐诗歌的主要内容。

# 第八章 唐代古文

## 第一节 唐代古文的先声

唐代之前的魏晋南北朝时期，文章的形式主要是骈文，而且骈文的发展已经到了顶峰。历史进入了唐代，尤其在初盛唐时期，主导文坛的文章形式仍然是骈文。骈文偏重词藻的华丽、对偶的工整、典故的选用，当然这些注重形式的倾向在初盛唐时期得到了一定程度的改观，特别是对内容的重视、对文章声势宏大的追求，较之前代的文章，已经呈现出新的面目。例如"初唐四杰"中王勃的《滕王阁序》，虽然在形式上非常讲究，但整篇文章语言平易自然，寄寓自己怀才不遇的身世之感，显示出骈文通俗化的倾向。又如骆宾王的《代徐敬业传檄天下文》，一气而下，痛快淋漓，挥洒自如，气势雄壮，极富煽动力和号召力。

"初唐四杰"之后，第一个倡导文学复古的陈子昂在他的《修竹篇序》中，提出了诗文革新的理论，主要的观点有二：一是否定六朝以来的绮靡文风，二是主张文章要有"风骨"、"兴寄"。在这一理论的指导下，陈子昂创作了不少散文。这些散文虽然仍带有骈俪的成分，但散句明显增多，气势流走，议论、分析、文势顺随感情起伏，错落有致，再加上内容充实，指陈时弊，言辞激烈，大有振聋发聩的气势。基于陈子昂在理论和创作上的杰出贡献，称他是古文运动的真正先驱是实事求是的。"国朝盛文章，子昂始高蹈"①，这是韩愈对陈子昂最早站出来提倡散文精神的高度评介。

自此以后，萧颖士、李华、独孤及、梁肃、柳冕等散文复兴的先驱，相继提出复兴儒学，效法先秦古文的主张，复古思潮一浪接着一浪，直至韩愈、柳宗元出。萧颖士曾经自我表白，他写文章时，对魏晋以来的骈文从不留意，而是一定学习古文。他写文章以六经为准则，强调儒学宗旨。李华提出了道为文本、文切实用与反对骈文的主张，要求将文统并入道统。他的名作《吊古战场文》，用丰富的想象反复铺陈，描写了古战场激烈的战斗场面，戍边战士思乡的心理活动以及大战后的悲惨景象。这篇文章在骈散相间的文体中显得十分别致。独孤及主张创作要本乎王道，散文创作的目的是"美教化，献箴（zhēn）谏"。梁肃、柳冕作为后辈，综合前后意见，更明确地提出了"文本于道"的主张。尤其柳冕，明确地提出了"教化中心说"，主张复兴儒学而复兴古文，用复兴古文服务于复兴儒学。

由此可见，这些散文复兴的先驱对"古文"的见解，从本质上说，首先是为了推动儒学复兴而提出的，其次才是文体的革新。同时，散文的功能被狭隘化了，他们对散文的形式、文辞、风格的要求限定在对先秦两汉古文的模拟中。因此，这些古文运动的先驱，虽然功不可没的地方很多，但由于主客观上的诸多因素，振兴散文的任务他们却是无法完成的。

## 第二节　韩愈的散文

韩愈不仅是一位成就卓著的诗人，也是一位杰出的散文家。他毕

---

① 韩愈《荐士》。

生提倡儒家学说，甚至以上追孟子、继承道统自命，"古文"的真正复兴，确实是依靠他的倡导。"古文"是和魏晋以来流行已久的"骈文"相对立的概念，其特点是奇句单行，不拘格式，不像骈文那样讲究排偶、辞藻、音律和典故，在文体上取法先秦两汉的散文。韩愈大力提倡这种文体，以反对六朝以来浮艳颓靡的形式主义文风。当他投入到古文复兴运动时，他的态度与先驱者有很大的不同，他的散文理论更多地添加了新的内容。他主张"文以载道"，但"道"的内涵不纯粹是儒家之道，而是融入了人的道德修养和人格精神，甚至包容人的情感活动。他又非常重视文学语言的创新，反对简单地模拟古文，提出"惟陈言之务去"、"词必己出"的观点。当然，他领导的古文运动取得的成功，不光是他的散文理论，更重要的是，他写出了许多富于个性、才力和创造性的佳作，使古文的地位在文坛上得以奠定。同时韩愈的学生很多，都追随他、拥护他，他们都是撰写古文的能手。到了唐宪宗元和时期，又得到散文名家柳宗元的大力支持，他们彼此呼应，积极从事古文的宣传和创作，使古文复兴形成一股不可阻挡的文学潮流。这就是所谓的"古文运动"。这场运动对文学的发展有深远的影响。

在韩愈的创作实践中，虽然有大量论"道"言"性"的作品，但他在创作中投入了丰富的感情，又注重艺术性的追求，因此写出了许多优秀的散文作品。在他现存的三百多篇文章中，涉及各种文体。总体来说，韩愈的散文可概括为论说文、叙述文、抒情文三大类。

韩愈的论说文主要包括哲学论文、政论文、文学论文和其他杂论。它们反映时代精神，抒发愤慨不平，批判社会现实，蕴含着对时俗的强烈的冲击力量。哲学论文主要以阐明儒道、反对佛教为中心内容。这类文章最能体现韩愈论说文的特点。其代表作是著名的"五原"，即《原道》、《原性》、《原毁》、《原鬼》、《原人》。其中，思想与艺术结合最好的是《原毁》。这是作者结合亲身感受，尖锐批判那种怠惰、毁谤的社会恶习的论说名篇。这篇散文格局严整，说理透彻，尤其是生动活泼、丰富多彩的词汇更增添了文章的生命力和感染力。政论文和杂论文主要以阐述己见、嘲讽社会现状为内容,其代表作品是《师说》、《进学解》、《送穷文》、《杂说》等。《师说》是一篇针砭时弊的论说文,当时社会上有人指责他好为人师,韩愈为此撰写这篇文章予以反击。文章首先说明了师的作用和人们从师学习的重要性,接着又说明了"道之所存,师之所存"和"圣人无常师"的道理。文章的语言含有讥讽的口吻,感情色彩十分浓烈。韩愈为了替自己和有相同遭遇的人鸣不平,撰写了具有批判锋芒和反映现实的文章。如《进学解》,就是他发泄不被重用的愤世情绪的文章。他抱负远大,学识精深,可当政者不辨贤愚,置人才于不顾。《送穷文》借五个穷鬼的形象,描写自己的穷困处境,发泄愤世嫉俗的感情,嬉笑怒骂,直指当时社会的昏暗。文学论文主要是论述文学艺术思想的,提出自己的文艺主张,总结诗文创作的经验。其中《答李翊书》是一篇著名的谈艺论文的书札。信中谈到了很多关于古文写作的理论问题,对当时古文运动产生了积极的影响。

  韩愈的叙述文主要是记人、记事、记物的,包括传、记、墓志铭等文体。这类文章善于选取典型材料,运用简洁的语言,把所要表现的人与事物刻画得鲜明生动、栩栩如生。《张中丞传后叙》是一篇记述张巡、许远英勇抗击安史叛军事迹的传记散文。文章继承了《史记》的传统,熔叙事、描写、抒情为一炉,通过议论与叙述,成功地塑造了张巡、许远、南霁云的英雄形象,他们忠勇报国、宁死不屈,人物呼之欲出,生动传神。《蓝田县丞厅壁记》是一篇精彩绝伦、别具一格的讽刺杂文,文中沉痛地表达了失意文人怀才不遇的苦闷和怨抑,揭露了官府的腐败。韩愈最擅长墓志铭的写作,在他七十多篇墓志铭中,《柳子厚墓志铭》是他诸多碑文中最精彩的。文中选取了柳宗元一生中的几个典型事例,概括了柳宗元一生的坎坷遭遇,评述他的才能人品,展现他的精神风采,文章充满了对柳宗元的同情和惋惜,也抒发了敬

慕之情,并通过精辟的议论针砭了现实。这篇出于韩愈之手的墓志铭,文笔精炼,文采飞扬,令人叹为观止。

韩愈的抒情文大多出现在祭文、序文等散文中。这类散文婉曲流丽,真挚动人,具有强烈的感情色彩。祭文是韩愈文集中很典型的抒情文,如《祭十二郎文》、《祭柳子厚文》等。其中《祭十二郎文》是最著名的,文章如诉家常,在对往常家庭琐事的絮絮叨叨的回忆中,流露对兄嫂和十二郎的怀念痛惜之情。这篇祭文寄深情于淡语之中,读来感人肺腑,催人泪下。韩愈所写的序文绝大部分是赠序,是一种送别亲友,表示敬爱、勉励和惜别依恋之情的文体。《送李愿归盘谷序》就是一篇以描绘见长而又有浓厚抒情色彩的散文。这篇散文是韩愈为送友人李愿归隐盘谷而写的。首段交待盘谷名称的由来,描述此处幽美的环境,尾段以抒情的笔调歌咏盘谷,肯定隐居的快乐。中间一段是文章的主体部分,写了三种人:高官权臣、隐居之士、趋炎附势之徒。作者赞颂了安贫乐道、洁身自好的人,对另外两种人则采取厌恶和蔑视的态度。这篇散文写得生动活泼、意味深长。

韩愈的散文创作,众体兼备,形成了一种规范的新型的文体,既不同于先秦两汉的古文,更迥然有别于六朝骈文,呈现出雄健奔放、波澜壮阔、瑰奇多姿的风格特色。最显著的特征是气势磅礴,感情充沛。韩文的这个特点得益于艺术技巧的妙用。最重要的一点是他对句式的设计,他极善于交错运用各种重复句、排比句、对仗句,以此增加文章的变化与气势。这种气势的不可遏止,还在于他浓烈炽热的感情的迸发。韩愈敢于讲真话,尤其是他的奏疏,无所顾忌,坦率真诚。如《论佛骨表》这篇反佛檄文,他有感于佞佛产生祸国殃民的严重后果,对佛教深恶痛绝,充满着激愤的感情,所以文辞激切,锋芒毕露,气势逼人。其次,韩愈的古文勇于创新,自呈新貌,使他笔下的各体文章无拘无束,新奇活现。这种创新在他的墓志铭、祭文、序文、书信中都有很好的体现。就墓志铭而言,一般包括志和铭两部分。志用散文叙述死者的家世和生平事迹，类似传记；铭用韵文表示对死者的赞扬、悼念之情。韩愈不拘旧例，因人而异，随事而别，穷情尽变，新意迭出，创造性发展了墓志铭文体，开创了墓志铭新风。如《柳子厚墓志铭》一文，夹叙夹议，自出新意。在其他文体上，韩愈的文章随物赋形，面貌各异，创造性地发展了各种文体。第三，韩愈是中国古代少见的语言大师之一。他用极富个性的语言来表达自己的独立见解。为此，他创造了不少新颖的词汇，千百年来，难掩其智慧的光芒。他自铸的新词精炼简约，生动形象。如"世上有伯乐，然后有千里马"、"欢愉之辞难工，而穷苦之言易好"等等。他的语言也是五光十色，丰富多彩的。仅成语一项，韩文中就有一百五十多条。如"寥若晨星"、"兼收并蓄"、"天涯海角"、"不平则鸣"、"垂头丧气"、"俯首帖耳"等，以其独创、简练、鲜明、生动的特点，大大增强了韩文的表现力。

## 第三节　柳宗元的散文

　　柳宗元不仅是唐代著名的诗人，也是一位优秀的散文家。他年轻时就表现出惊人的才华，二十二岁考中进士。唐顺宗时，王叔文①执掌朝政，锐意革新政治。柳宗元与刘禹锡等一起成为革新集团的主要人物。永贞革新②失败后，王叔文遭迫害致死，柳宗元也受到牵连，被贬为永州（今湖南零陵县）司马长达十年。他的很多著名散文，如"永州八记"就是在这个时期写成的。以后他又被贬到更远的柳州，担任刺史一职。他为政清廉，曾经改革了当地不少弊政，为柳州人民做了很多好事。正当朝廷准备召回他的时候，他却与世长辞，

---

① 王叔文：唐代领导永贞革新的改革家。
② 唐代顺宗永贞年间以王叔文为首的官僚士大夫以打击宦官势力为主要目的的改革。

年仅四十七岁。

柳宗元不仅是一位文学家，也是一位思想家，他建立了朴素的唯物主义世界观。他与韩愈齐名，并称"韩柳"，是古文运动的又一位领袖人物。和韩愈一样，柳宗元也强调"文"与"道"的关系。韩愈主张"文以载道"，柳宗元在《答韦中立论师道书》中提出"文者以明道"的原则。总体说来，他与韩愈的散文理论接近。至于他的文章，不是完全受他的理论所限制。在文章的具体表现方面，柳宗元比较偏重于情感的含蓄表达，重视语言内在含义的表现。他的散文与韩愈比，气势稍弱，但思想的敏锐深刻却又高出一筹。他的文风偏于峻洁精练，更能让人回味无穷。

柳宗元在创作实践上也作出了很大贡献。他写了大量的散文，题材十分广泛，体裁形式也呈多样性的面貌，但其创作的重点与韩愈大不相同，除了许多优秀的议论文和书序文之外，其艺术成就最高的是山水游记和寓言杂文，传记文也颇有个性。

山水游记是柳宗元散文中最富艺术创造性、最具特色的一种文体。山水游记在柳宗元的笔下才算真正成熟，真正成为一种独立的体裁。《柳河东集》中收录了近三十篇山水游记，其中大部分创作于谪居永州期间。"永州八记"就是他的代表作。这八篇即是《始得西山宴游记》、《钴鉧（gǔmǔ）潭记》、《钴鉧潭西小丘记》、《至小丘西小石潭记》、《袁家渴记》、《石渠记》、《石涧记》、《小石城山记》。这八篇游记就像八幅山水画、八首散文诗，每篇散文自具特色而又互相接续，如同一卷精工秀美的巨型山水画长轴。柳宗元的山水游记在描摹自然景物的基础上，融入自己的感受。在他笔下的山水里，都具有他所向往的高洁、幽静、清雅的情趣，也有他孤寂、凄清、幽怨的情怀。一句话，他描摹的山水风景，都是他心灵外化的自然。他的这一类山水游记，创造了一种更文学化、抒情化的散文类型，对后世产生了深远的影响。

寓言文是柳宗元散文中又一富有创造性的部分。可以说，寓言成为独立的文学样式是从柳宗元开始的。柳宗元的寓言，不论内容如何、篇幅长短，都是结构严谨、生动曲折、首尾完整的文章，具有浓厚的文学意味，在思想和艺术上达到了很高的境界。这些寓言多作于被贬永州之时，由于长期过着谪居的生活，内心充满着愤怒、悲哀和抑郁，使他对世态炎凉、官场险恶及社会弊端有了更加深切的体会，发之以文，寓意深刻，艺术精湛。柳宗元寓言的代表作，主要有《三戒》（包括《临江之麋（mí）》、《黔之驴》、《永某氏之鼠》）、《羆（pí）说》、《蝜蝂（fùbǎn）传》、《愚溪对》等。《三戒》是一组短小的寓言小品，主要描写麋、驴、鼠三种动物的习性和特点，暴露它们狐假虎威、自不量力、肆意行暴的本性，指出它们必然灭亡的悲剧命运，借以讽刺、鞭挞社会上的某些人。《蝜蝂传》嘲讽的是另一类可鄙、可笑的人物。蝜蝂是一种能背负东西、喜好爬高的小虫。这种小虫与那些贪得无厌、欲壑难填的达官贵人在本质上何其相似。较之直接的揭露，这篇寓言更含蓄、更幽默、更有力。

柳宗元的传记文与韩愈一样，继承了先秦两汉史传文的传统，尤其得益于司马迁《史记》人物传记的创作经验，并作了进一步的发展。他的传记文不再依附于史籍，而是独立地为所要描写的人物立传，因此，这样的传记文文学性更强，由此把中国的传记文学提高到一个新的阶段。柳宗元的人物传记，数量繁多，内容丰富，形式多样，超过了韩愈，具有许多新的特点。现在《柳河东集》中保存下来的真正具有文学性的人物传记有十四五篇。其代表性的名篇有：《种树郭橐（tuó）驼传》、《童区（ōu）寄传》、《捕蛇者说》、《段太尉逸事状》等。这些传记文通过对传记人物的遭遇和处境的具体描写，反映了中唐时代政治的腐败、社会的动乱、百姓生活的悲惨，表达了作者自己的革新主张和政治理想，具有高度的思想性和深刻的现实意义。《种树郭橐驼传》中，描写了一位以种树为业、充满智慧的驼背老人，《童区寄传》则塑造了一个

智杀强盗的少年英雄区寄,在他们身上,集中表现了平民百姓中广泛存在的善良品性和智慧才干。《捕蛇者说》刻画了一个被残酷剥削的捕蛇者蒋氏的形象。作者通过蒋氏这个捕蛇者的人生遭际,最后得出了"赋敛之毒甚于毒蛇"的结论,这比一般抨击暴虐的政治显得更为深刻有力。《段太尉逸事状》不像有些传记的作者那样去铺叙所传人物的一生,而是抓住段太尉平生的三件逸事,多侧面地展示人物的性格特征,塑造了一个封建时代正直的官吏形象。

总体说来,柳宗元散文的风格以沉郁、凄幽、峻洁为主。这一特点是由柳宗元的人生遭际、人品思想和才学修养决定的,也与他独特的艺术表现有密切的关系。永贞革新失败后,柳宗元被贬到荒蛮的南方,无法施展自己的才华与抱负,于是满腔的抑郁悲愤之气、忧国忧民之情寄寓于笔下,所以不论是山水游记、寓言文和传记文,都打上了沉郁愤激的印记,呈现出深邃苍凉、峭拔峻洁的独特风貌。

## 第四节　晚唐小品文

唐朝末年,朝政改革连续失败,社会一片黑暗,唐王朝的历史车轮即将驶向它的终点。这时的古文创作明显衰落,而刺世的小品文应运而生,成为这一特定历史时期的产物。从文体的发展来看,这个时期是中国文学史上第一个杂文时代,它的特征非常显著。一是篇幅短小精悍。就形式而言,短论居多;就体裁而言,杂文笔法运用于各种文体。二是讽刺时政之失,抨击君权之害。三是情感炽热,文中贯注不平之气。这一时期的小品文可以看作韩愈、柳宗元杂说、寓言等文体在新形势下的继续和发展,也是晚唐日趋尖锐的各种社会矛盾下的产物。

晚唐小品文的作者大多是些贫寒之士,最具有时代特征的杂文作家主要是皮日休、陆龟蒙、罗隐等人。他们都是布衣之士，一生坎坷，愤慨甚多。鲁迅先生在《小品文的危机》里说："唐末诗风衰落，而小品放了光辉。但罗隐的《谗书》，几乎全部是抗争和愤激之谈；皮日休和陆龟蒙自以为隐士，别人也称之为隐士，而看他们在《皮子文薮（sǒu）》和《笠泽丛书》中的小品文，并没有忘记天下，正是一塌糊涂的泥塘里的光彩和锋芒。"由此可知，"抗争和愤激"是唐末小品文的主要倾向，小品文在唐代文学史上享有很高的地位。

皮日休（约838—约883），字逸少，后改袭美，襄阳（今湖北襄樊）人。出身贫寒，早年隐居襄阳鹿门山。他的诗文与陆龟蒙齐名，世称"皮陆"。皮日休有胆有识，对时弊往往一针见血，发前人所未发或不敢发之言。纵观其作品，除少数应酬的诗篇之外，讽喻之辞几乎无处不在。皮日休的主要成就是杂文短论，代表性的作品有《九讽》、《十原》、《鹿门隐书》等，其他文体的文章也几乎都是杂文。皮日休的作品大多思想新颖，直斥时弊，尖锐犀利，深刻精辟，往往三言两语就可以揭露出统治者丑恶可鄙的面目。

陆龟蒙（？—881），字鲁望，别号天随子、江湖散人、甫里先生，苏州吴县（今江苏苏州）人。为人正直，好酒嗜茶，自号江湖散人，又号甫里先生。他与皮日休齐名，同为布衣之士，所作多属杂说小品，讽喻是其显著的特点。陆龟蒙常常以寓言形式进行讽刺，往往用联想、比喻的手法，以小见大，揭露社会积弊。他的著名作品有《记稻鼠》、《招野龙对》、《野庙碑》等。这些小品幽默风趣、情节完整，继承了柳宗元寓言的传统，又具有新的时代特征。

罗隐（833—909），字昭谏，余杭新城（今浙江桐庐）人。因为讽刺时政得罪权贵，他十次考进士而不第，仕途始终不顺，一生的业绩主要在著作，现存有《两同书》、《罗昭谏集》、《谗书》。《谗书》是罗隐抒写杂感的小品文集，文中抗争和愤激之辞随处可见，对唐末官场的权力之争大胆抨击，锋芒毕露，是晚唐小品文的创作高峰。《谗书》

涉及的内容非常广泛，如《英雄之言》是历史短评，《越妇言》是借历史故事抒发愤世嫉俗的感慨之作，《说天鸡》是借寓言针砭时弊的妙文。其他作品或寓言托意，或借古讽今，无不文笔犀利、情绪愤激，闪耀着战斗的光芒。从创作手法看，罗隐的小品文与皮日休的擅长议论不同，与陆龟蒙的采用寓言托讽也有区别，他常常是触物感兴，即事立言，随意生发，锐利泼辣，巧妙地运用联想、象征、比喻和夸张手法，表达新颖而深刻的思想和识见，比皮日休、陆龟蒙更擅长讽刺。

皮日休、陆龟蒙、罗隐的小品文是独树一帜的。他们的文章大多短小精悍，一题一议，中心突出，议论透辟。他们常常运用鲜明的对比展开议论，结构严谨，层次清晰，逻辑性强。其语言通俗晓畅，犀利尖刻，富于幽默感。

 **思考题**

1. 简述韩愈散文的分类及艺术特点。
2. 简述柳宗元散文的分类及艺术特点。
3. 晚唐小品文的主要内容是什么？

# 第九章 宋词

## 第一节 宋词的前奏

### 一、词的兴起

词是一种配合新兴音乐的诗歌,又称"曲子词"或简称"曲子",是中国古代文学中一种重要的文艺形式。词与诗歌相比,特点较为明显:一是按调填写而成,调有调名,又称词牌名,如《菩萨蛮》、《蝶恋花》、《念奴娇》之类;二是绝大多数词调的句式都是长短不齐的杂言,因而又称"长短句";三是为配合乐曲的反复演唱,每种词调一般都分为上下两章,称上片、下片,或上阕、下阕,还有分为三片、四片的长调,如《兰陵王》、《莺啼序》等,但比较少见。这种新兴的音乐称燕乐,又称宴乐,一般说来,它产生于中国的隋、唐年间。燕乐以胡乐为主,是与流行于汉魏六朝的清乐逐渐融合而成的一种崭新的音乐系统。配合燕乐曲调填制长短句的歌词,在唐代是比较晚出现的,现传最早的唐代词是在敦煌发现的曲子词。敦煌曲子词在艺术上不够精细,带有早期词作浓郁的民间性。文人词出现得更晚,传说大诗人李白曾经写过《菩萨蛮》、《忆秦娥》两首词,但争议很大,尚无定论。中唐以后,写词的作家一下子增加了很多,他们中有张志和、韦应物、刘长卿、戴叔伦、白居易、刘禹锡等,都留下了作品。白居易的三首《忆江南》,既各自独立,又相互勾连,在章法布局上很有特色。第一首

中"日出江花红胜火,春来江水绿如蓝",色彩鲜明,江南美好的春色如在眼前。

## 二、晚唐五代词

在晚唐和五代时期,词得到了很大的发展。晚唐时,词人主要是温庭筠;五代时,词有两个创作中心,一是前、后蜀(或称西蜀),一是南唐。后蜀赵崇祚,在广政三年(940)编成《花间集》十卷,选录十八位"诗客曲子词",共五百首。欧阳炯《花间集序》记述了当时词人创作的情景:"绮筵公子,绣幌佳人,递叶叶之花笺,文抽丽锦;举纤纤之玉指,拍按香檀。不无清绝之词,用助娇娆之态。自南朝之宫体,扇北里之倡风。"翻开《花间集》一看,我们可以发现,这本集子的绝大部分词作或是对男女相思之情的描写,或是对女性身体和生活的描写。《花间集》是最早的文人词总集,它开创了以婉约的笔触写艳情的词体范式。

温庭筠精通音律,长期出入青楼楚馆,"能逐弦吹之音,为侧艳之词"[1],是中国文学史上第一个专力作词的文人。那个时期出现了一个花间词派,其中词写得最好的是晚唐的温庭筠。因此,赵崇祚编纂的《花间集》把他列在首位,入选的作品有66首之多,确立了其为花间词派开创者的地位。从某种意义上说,以小令写柔情、艳情的婉约传统,正是由温庭筠奠定的。他的词题材非常狭窄,词的内容都是写男女思慕或离愁别恨的情感,语言华丽,意象密集,结构曲折。如他的《菩萨蛮·小山重叠金明灭》一词,写女主人公的容貌、动作、情态及服饰,没有一句写她的内心,通篇以旁观者的视角进行描摹,但女子的内心情思还是委婉含蓄地传达出来了。韦庄与温庭筠齐名,世称"温韦"。《花间集》收其词四十八首,在数量上仅次于温庭筠。但在花间

---

[1]《旧唐书·温庭筠传》。

词人中，韦庄的风格却独树一帜，虽然他的词的题材和内容与其他花间词人一致，但没有了华丽的辞藻，没有了晦涩的意象，没有了曲折的结构。他大都采用白描手法写词，因此他的词语言明白，色彩清淡，意脉流畅，呈现出一种新的风貌。花间词人写的词都收录在《花间集》中，他们词作的内容大都没有超出温庭筠词作题材的范围，风格类似，因此花间词是婉约词的源头。

南唐是五代词的另一创作中心，代表作家是冯延巳（sì）、李璟、李煜（yù）。南唐词人与西蜀词人相比，文化修养较高，他们的词作，能够超越寻求感官刺激的层面，向心灵、情感的深处挖掘，在温庭筠、韦庄之后，把词的抒情功能推进到一个新的高度。冯延巳（903—960），字正中，作词九十多首，是唐五代存词数量最多的词人，以抒写柔情为主。他的词不再像温庭筠那样只注重外部刻画，也不再像韦庄一样只关照具体的情事，而是着力表现词人心灵中曲折幽深的情感境界。他开启了南唐词风，而且影响到宋代的晏殊和欧阳修，"晏同叔得其俊，欧阳永叔得其深"[1]。李璟（916—961），南唐中主，存词四首，"小楼吹彻玉笙寒"[2]、"丁香空结雨中愁"[3]，是其词作中的名句，感慨深沉，情调感伤。

五代时南唐的皇帝李煜（937—978），字重光，通晓音律，是一个特别擅长写词的高手。他身为皇帝的前期，沿袭传统题材写词，但风格与花间词人相比有明显的差异。当他成为亡国之君时，词作主要是写亡国的愁苦、悔恨和绝望，词的内容发生了很大的改观。李煜在亲身经历亡国之后，词作中流露的感情显得更加真挚，更加深切。他后期著名的《虞（yú）美人·春花秋月何时了》、《浪淘沙·帘外雨

---

[1] [清]刘熙载《艺概·词曲概》。
[2] 李璟《摊破浣溪沙·菡萏（hàndàn）香销翠叶残》。
[3] 李璟《浣溪沙·手卷真珠上玉钩》。

潺潺》等全是他真情流露的作品，其中像"问君能有几多愁，恰似一江春水向东流"的名句更为人耳熟能详。李煜词中流露的哀叹命运无情变迁的情绪很容易引起普通人的共鸣，大大加深了词的艺术感染力。他作词又多用白描手法，以清新直白的语言抒写真情，从而形成了他独特的风格。

李煜

## 第二节　北宋词

### 一、北宋初期词坛与柳永

　　词到了宋代，在唐五代的基础上迅速发展，创造了两宋词坛的繁荣。唐五代词一般都是小令，篇幅短小，题材狭窄，内容单一，进入宋代后，词的篇幅加长，演变为慢词，题材一再扩大，内容日渐丰富。其间有名的词家纷纷涌现，有名的词篇层出不穷，词作的风格呈多样化发展。

　　北宋初期，词的风格依然是前朝的风貌，但在努力酝酿新的生机。有名的词人有晏殊、范仲淹、欧阳修、张先、柳永等。晏殊（991—1055），字同叔，临川（今属江西）人。他的《珠玉词》存词140首，数量上大大超过了北宋初年的词作家。晏殊的词与晚唐五代词相似，没有改变原来的风格。题材上以相思别怨为主，词调上采用小令形式,通过自然景物、季节变化的描写来抒写人物内心的感受，流露出一种生命有限、时光流逝的忧伤。他的名词《浣溪沙·一曲新词酒一杯》中，"无可奈何花落

## 第九章 宋词

去,似曾相识燕归来",就描写了他的这种失落感和孤独感。晏殊在抒写这些感受时,十分蕴藉、含蓄,感情也是淡淡的。这种淡淡的哀愁就是晏殊词的特色。欧阳修与晏殊一样,抒写离愁别恨,文学史上并称"晏欧"。与晏殊相比,欧阳修的词作情感要更为深刻,风格缠绵悱恻,其中不乏警句名言。他的名词《蝶恋花》中"庭院深深深几许"、"泪眼问花花不语,乱红飞过秋千去"的名句,后人就赞赏不已。欧阳修有的词作写得很浅,很俗,完全采用市井女子的口头语描写男女艳情,基调却不是悲伤之情,而是更多地带有欢快、浪漫乃至戏剧化的色彩,如《醉蓬莱·见羞容敛翠》等。范仲淹的词里加入了新鲜的内容,《苏幕遮·碧云天》、《渔家傲·塞下秋来风景异》,是他历来为人传诵的两首词作,尤其后一首把边塞生活写到了他的作品里,苍凉悲壮,开启了后来豪放词的先河。张先(990—1078),字子野,乌程(今浙江湖州)人。他的小令与晏殊、欧阳修并称,慢词又与柳永齐名,一生醉心风月,特别喜欢用"影"字来表现自然景物的朦胧与神韵,因"云破月来花弄影"等名句而获得"张三影"的称号。

柳永的词与以前词人的词大不一样,因而取得的成就最大。柳永(约987—约1053),字耆(qí)卿,原名三变,崇安(今属福建)人。他年轻时参加科举考试,可考了多次都没有考中,以后干脆频繁与歌伎往来,深入到她

柳永

们的生活中。因此,他非常熟悉下层市民的生活,然后把这些新鲜的生活内容都写到词里。他五十岁左右考中进士,然后在地方上做了几任小官,一生怀才不遇,死后凄凉,由歌伎出钱安葬。柳永的《乐章集》存词二百多首。作为一个专业词人,他精通音律,能创制词的曲调,在宋词所用的八百八十多个词调中,就有一百多个曲调是柳永的首创或第一次使用。在词史上,柳永不仅能创制新曲调,还大力写作慢词,从根本上改变了唐五代以来小令一统词坛的局面,使小令和慢词两种体式分途共进。慢词加长了词的篇幅,少则八九十字,多则一二百字,大大扩充了词的容量,也提高了词表现生活、抒情写意的能力。而柳永在这方面引路在前,功不可没。正如清代宋翔凤《乐府馀论》所指出的那样:"耆卿失意无俚,流连坊曲,遂尽收俚俗语言编入词中,以便使人传习,一时动听,散播四方。其后东坡、少游、山谷辈相继有作,慢词遂盛。"①

　　柳永在词的创作内容上注入新鲜的成分,同时在写作技巧上也作了创新,为词的发展作出了很大的贡献。他一度混迹于歌楼妓院,为妓女们写作歌词,供她们在各种场合为市民大众演唱。歌词反映了市民的爱情生活,写出了平民妇女失恋的苦闷和被遗弃的幽怨。由于柳永主动适应市民大众生活的文艺需求,使他的词作在民间得到广泛传播,以致"凡有井水饮处,即能歌柳词"②。柳永一生漫游过许多城市,对北宋都市的繁华、市民生活的多姿多彩有深切的体会。他的《望海潮·东南形胜》对风景优美、人口繁密、商品丰盛、市民活跃的杭州城市面貌一一作了描绘,为词的题材添加了新的元素,扩大了词的内容。离愁别恨的作品,更能显示作为文人词的特色,柳永的《雨霖铃·寒蝉凄切》是这方面的最著名的词作,这首词的上片写尽两人分别时的

---

① 东坡:指苏轼;少游:指秦观;山谷:指黄庭坚。
② [宋]叶梦得《避暑录话》卷下。

难舍难分,下片离别后"杨柳岸,晓风残月"的凄清景象更带出离人无可诉说的内心痛苦。值得指出的是,这篇作品使用了铺叙的手法,它与比兴、抒情互相结合,起到了相得益彰的作用,这是柳永的一个贡献。柳永铺叙手法的使用对于后代词人在慢词方面作进一步的艺术创新,打下了良好的基础。柳永是一个将雅俗两种创作风格结合起来的作家,在词的领域里进行了多方面有益的探索,他对宋词的发展起到了极大的推动作用。

**二、词坛革新家苏轼**

词发展到苏轼手里,气象更是宏伟广阔,风格也发生了急剧的变化。苏轼(1037—1101),字子瞻,自号东坡居士,眉州眉山(今四川眉山)人。年轻时勤奋读书,二十一岁就中了进士,接着便进入官场,但是他在官场上一直不顺利,在坎坷中度过了一生。在改革派王安石变法时期,他站在保守的立场上,反对新法。同时,他对新法中的合理成分并不全盘否定。苏轼一方面得罪了改革派,另一方面也触怒了保守派,他被卷入了上层政治冲突的漩涡之中,因而不管哪一派掌权,苏轼的处境一直非常尴尬,他的官职一贬再贬,最后被贬到岭南、海南。苏轼的性格乐观、旷达,他接受了生活中的一切变故,内心安

苏轼

然坦荡。后来遇到大赦,他由南方回到北方,到达江苏常州时,身患重病,没有被医治好,离开了人世,终年六十四岁。

苏轼是北宋词坛的大革新家,他的词从内容到风格都作了前所未有的改变。从花间词开始,一直到柳永,词始终没有脱离描写男女之情的范围。苏轼写词就打破了这个狭隘的传统,他写词所选择的题材大大扩大了。怀古、送别、言志、旅怀、乡村、悼亡、闲适、风景等题材,他都写到词中,使词的天地更加广阔。可以这样说,凡是诗歌中可以表现的题材,在他的词里也完全可以表现,达到了与诗几乎相等的程度。他的词作和一般的市井俗词形成明显的区别,使词真正成为文人士大夫自我抒情的工具。词从它产生的那天起,就与音乐紧密相关,可以这样说,如果没有音乐,词就失去了存在的依托。但是苏轼写词,不过分讲究音乐,以表达自己的感情为主,活跃了词的气氛,冲破了音乐的束缚,这在词的写作上是空前的。在苏轼之前,词以婉约为主,但苏轼的词彻底改变了这种风格,他根据自我抒情的需要,大胆地变革词风,于是,与此前完全不同的一批豪放词诞生了。他的《念奴娇·赤壁怀古》是宋代豪放词中最杰出的代表作之一,词中描写的长江、古战场和当年的英雄一起构成一幅雄奇的画面,让人感慨万端,激动不已。他在《水调歌头·丙辰中秋》这首词的开头,把酒问青天,表达了他对永恒存在的向往,但他又意识到"人有悲欢

"明月几时有,把酒问青天"

离合,月有阴晴圆缺,此事古难全",因而他在寻求中得到了平衡,内心的情感从现实中超脱出来。上面提到的两首词,是苏轼最著名的词作。在此之前,可以说从来没出现过,它使宋词的面貌焕然一新,从而影响了以后许多词人的创作。

苏轼之后,秦观、黄庭坚、贺铸等词人同样为词坛的繁荣作出了贡献。秦观(1049—1100),字少游,又字太虚,号淮海居士,高邮(今属江苏)人,是"苏门四学士"之一。他对小令和慢词都很擅长,主要继承了柳永的词风。与柳永的词相比,他的词剔除了世俗的一面,格调转向高

秦观

雅;在表现手法上,改变了柳永一味铺叙的习惯,加入了小令借景言情、比兴含蓄的手法,使词作摇曳生姿。《满庭芳·山抹微云》即是一例。秦观的词风虽与苏轼不同,但苏轼对他作词也有启发,他后期的《踏莎(suō)行·雾失楼台》像苏轼一样,正面抒写自己的政治感受。秦观的婉约词,风格清丽优雅,后人一致推崇他,被看作是婉约派的正宗。黄庭坚是"苏门四学士"之一。他在文学史上一向与"江西诗派"联系在一起,其实,他也写有一百七十多首词,而且其词大致可分为两类:一是传统词的延伸,述写男女情事,有时比柳永的词更为通俗化;二是遵循苏轼开辟的新路径,词中不乏豪迈之气。贺铸(1052—1125),字方回,卫州(今河南汲县)人。有"贺梅子"之称。他的婉约词是创作的主流,尤其那首《青玉案·凌波不过横塘路》,用烟草、风絮和江南的黄梅细雨三种景物形容思念情人的忧愁,构思

新奇,耐人寻味。他的《六州歌头·少年侠气》,风格豪迈,是其豪放之作。

### 三、词坛大家周邦彦

苏轼以后,周邦彦是出现在北宋词坛的又一位大词人。周邦彦(1056—1121),字美成,号清真居士,钱塘(今浙江杭州)人。与苏轼相反,他极端重视词与音乐的配合。周邦彦曾经在朝廷的音乐机关大晟(shèng)府做过最高长官,搜集和审定了几十种词调,使词的声律模式进一步规范化、精密化。周邦彦精通乐律,能自己创制新的词调,新创、自度曲50多调,仅次于柳永,因而他为词调的丰富作出了很大的贡献。他注重音律的和谐,用字不仅分平仄,而且对仄声字中的上去入三声也严加分辨。

周邦彦虽然兼擅小令和慢词的创作,但他的成就主要还在慢词方面。慢词的写作,由柳永最先开拓,以后秦观等人又加以发展,到周邦彦时,将他们的手法融汇贯通,进一步予以深化。柳永讲究铺叙,往往一览无余。周邦彦极其注重词的整体结构。他作词的手法极其严密,注重层层渲染,进行广泛联想,在回环往复中抒发人物的感情,这样就使得慢词的空间进一步拓宽了。他的名词《兰陵王·柳阴直》是他晚年离开汴京时的作品。全词共有三片,上片就眼前景物加以联想,引出离别的主题;中片追想与友人分别前的聚会,再延想分手时的情景;下片设想分手

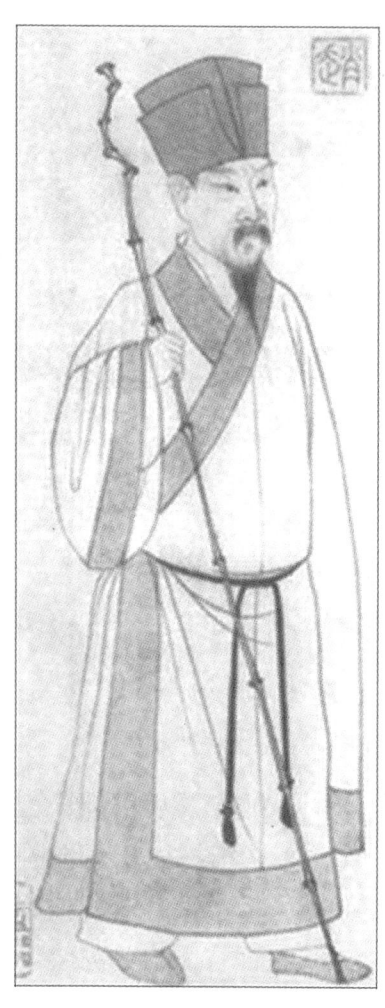

周邦彦

之后，自己孤身一人，独自感伤的景况。此词如此吞吐往复，打破时空之限，使离别之意显得更为深厚。这首词也是他咏物词中的代表作，能够就所咏之物进行细致、广泛的联想，融进丰富的情思，使物与人之间的关系相得益彰。周邦彦在写词的语言方面也特别讲究，十分注重语言的锤炼，有一部分词化用前人诗句，但做到天衣无缝，不留下任何痕迹，着实难能可贵。他的《西河·金陵怀古》就是一个突出的例子，全词化用刘禹锡《金陵五题》中的《石头城》、《乌衣巷》和古乐府《莫愁乐》三诗而成。周邦彦的词可以说是对婉约词的总结，再次让词回到与音乐的配合上，因此对南宋婉约词的发展也产生极其深刻的影响。"宋末诸家，皆从美成出。"①后人对周邦彦的词评价极高，甚至把他推到至高无上的地位。

## 第三节　南宋词

### 一、女词人李清照

在北宋与南宋交替的时期，两宋词坛上出现了一位最伟大的女词人，她就是李清照（1084—约1155），号易安居士，章丘（今属山东）人。这位女词人多才多艺，擅长写诗作词，还精通书法绘画。她的词可以分为前后两个时期。前期，她与丈夫赵明诚过着美满而和谐的婚姻生

李清照

---

① ［清］先著、程洪《词洁》。

活,但作为一个才华出众、感情丰富的女子,在对现实生活的满足之外,还有一些淡淡的惆怅,因此在她的词中也时常表现伤春伤别的情绪。她在《如梦令·昨夜雨疏风骤》中用"绿肥红瘦"的暮春景象,表达了青春流逝的伤感。她在另一首《醉花阴·薄雾浓云愁永昼》词中,用"人比黄花瘦"的新奇比喻,写出了她对丈夫的深沉思念。如果时代不发生巨变的话,李清照的一生也许在安宁中度过。可是历史却跟她开了一个大大的玩笑,她被抛入了历史巨变的洪流之中。在李清照生命的后期,金军侵犯北宋,俘虏了两位北宋的皇帝。李清照的生活与国家的命运一样,遭受了前所未有的灾难。她从北方一路南逃,最后在南方的杭州一带落脚。她的丈夫赵明诚去世了,她的财物也流失了,于是陷入了生活的艰难之中。她的性格失去了前期的开朗,变得越来越忧郁。她后期的词作中,忧愁是唯一的主题,而且表现得非常沉痛乃至凄厉。她后期的《声声慢·寻寻觅觅》一开头就连用十四个叠字,把她当时的无限忧愁,直白地诉说出来;另一首《武陵春·风住尘香花已尽》中"只恐双溪舴艋(zéměng)舟,载不动,许多愁",不造作,不掩饰,让人读后心灵不知不觉颤动不已。无论前期的词,还是后期的词,李清照都把时代性与艺术独创性完美地融合在一起,把自己的思想感情与客观景物融合在一起,创造出情景交融的艺术境界。

李清照对词有她自己比较完整的看法,她专门写过一篇词学论文《词论》,对唐代特别是北宋以来的主要词人分别提出了批评。她特别强调词在艺术上的独特性,即词"别是一家",把词和诗严格地区别开来。当然,李清照的词学观点显然有偏颇的地方,她受词的传统观念束缚太深,忽视了词可以向许多不同方向发展的必然性。

## 二、豪放词人辛弃疾

北宋在金朝军队的打击下灭亡了,北方的大片国土沦陷了。这个时候的民族矛盾空前激烈,许多爱国的知识分子把亡国的悲痛心情通

## 第九章 宋词

过作词表达出来，他们关怀时事，抒写抵抗金兵的壮烈志向。这些词作是在特别的历史背景下写出来的，使词的题材和风格再次发生新的变化。在这些词人中，著名的有张元干、陆游、张孝祥、陈亮和辛弃疾等。他们继承苏轼词的豪放风格，将强烈的民族义愤和爱国热情诉之于词中，风格慷慨悲凉、豪放激越，语言直率奔放、冲口而出。在他们之中，辛弃疾的成就最大。这里先介绍两位词人。张元干（1091—约1170），字仲宗，号芦川居士。他的《贺新郎·梦绕神州路》一词，气魄宏大，感情悲愤，震撼人心。后来辛弃疾很多激情澎湃的词作，走的正是张元干此词的路径。张孝祥（1132—1170），字安国，号于湖居士。他的一些作品跟张元干颇多相似之处，如《六州歌头·长淮望断》一词，忠愤之气，溢于言表。另一首《念奴娇·过洞庭》写得更为出色，显示了张孝祥的独创性，此词也明显受到苏轼的某些影响。

辛弃疾（1140—1207），字幼安，号稼轩，历城（今山东济南）人。他生在被金兵占领的北方，从小就看到汉族人被金兵欺负的场面，感到这是汉族人的屈辱，因此很早就立下了恢复中原、报国雪耻的雄心壮志。二十二岁时，他组织了一支二千人的队伍抗击金兵，以后还参加了耿京领导的一支更大规模的起义军。耿京被叛徒杀害后，辛弃疾亲自率领五十个骑兵冲进敌人的地盘活捉叛徒，并且把叛徒送交南宋朝廷处理。从此，辛弃疾正式留在了南宋，开始在南宋担任官职。刚

辛弃疾

来南宋的时候,朝廷还能重用他,他也提出了许多抗击金兵的建议,但是南宋朝廷根本无心收复失去的北方领土,只是一味地偷安享乐,辛弃疾抗击金兵的想法逐渐变得不合时宜,朝廷就让他去做地方官。辛弃疾四十二岁时被免去官职,在他人生余下来的大部分时间里,一直在乡下闲居。他抗击金兵、恢复中原的雄心壮志,始终没有能够实现。

辛弃疾不是一位普通的知识分子,而是一位在战场上打击过入侵者的英雄。他一开始写词时,一般的离愁别绪就不是他词作的主调。他写的词是一位大英雄写的词,他的词能同国家民族的命运相结合,充满了爱国主义的激情,特别能激励人心。他"以文为词",把政治、军事、山水、田园,以及个人的喜怒哀乐都融入词中,使词的题材无所不及、抒情功能又达到了新的高度,把词的改革又向前推进了一大步。

辛弃疾的词作数量有六百二十多首,在宋代词人中算是特别多的。他的主调词悲壮激烈,境界开阔,爱国主义的特色尤其明显。辛弃疾有很多英雄不被重用又不甘寂寞的词,这是他爱国词的重要内容。他的《水龙吟·登建康赏心亭》就是写他登上赏心亭后的内心世界。他是一位力图恢复中原的英雄,但他的志向竟然无人领会,不能不让他伤心落泪。他的《永遇乐·京口北固亭怀古》写他通过缅怀古人来表达自己老当益壮的雄心。这首词写于晚年,二十年的闲居生活浪费了他的大好时光,年轻时立下的壮志眼看不能实现,他的内心自然充满悲愤。这些词是辛弃疾发扬苏轼豪放词风后独创的风格,后人因此以苏、辛并称。除此之外,辛弃疾还能写一些细致小巧的别调词,如写农村生活的词,写得清新可爱,像主调词一样出色。他的《西江月·明月别枝惊鹊》中"稻花香里说丰年,听取蛙声一片",洋溢着浓郁的泥土气息。辛弃疾的词风格多样,呈现了一个大词人的风貌。

### 三、姜派词人

在南宋词坛上,除辛弃疾等豪放词人外,还有不少风格婉约的词

## 第九章 宋词

人，如姜夔（kuí）、史达祖、吴文英、王沂（yí）孙、张炎等，他们沿着周邦彦指引的道路继续向前行进，对词的传统十分注重，因此无论词的内容和艺术风格都应该归入婉约一类。这些词人的作品虽然没有辛弃疾的词气势雄奇、境界开阔，但对词的艺术发展却作出了重要的贡献。尤其是姜夔，他在南宋词坛也是一个领袖人物。在他的旗帜下，聚集了许多南宋后期的重要词人，形成了一个可以左右南宋后期词坛的重要词派。他们作词的特点是语言工整优美、音律协调、意境悠远。

姜夔（1155—1209），字尧章，号白石道人，饶州鄱阳（今江西鄱阳）人。他屡次参加科举考试，都没有考取进士，一生没做过官，但和朝廷的官员有很多交往，加上他具有多方面的艺术才能，因此受到他们的赏识，过着比较闲适的生活。他是南宋中期向后期过渡的词人。他的词中仍有不少慨叹国事的作品，虽然没有辛弃疾的激情，却充溢着伤感和凄凉的情绪。他早年的名作《扬州慢·淮左名都》就是一个典型的例子，缺乏激昂亢奋的精神力量和博大的胸怀，有的只是无奈的感慨和哀愁的叹息。从题材上看，姜夔写得最多的还是记游和咏物之作。这些词作表达了作者飘零江湖的感叹，以及爱情失意的痛苦。词中的寄托是明显的，且关乎几个方面，

姜夔

但这种寄托在词中往往表现得相当朦胧,给人似有若无的感觉,"野云孤飞,去留无迹"①。《暗香》和《疏影》是姜夔最具代表性的两首自度曲,都是歌咏梅花的。《暗香》借咏梅表达一种怀旧的情绪。姜夔在词中展示了很多由梅花联想起的往事片段,这里面有对往日恋人的怀念,也有对逝去的美好岁月的怀想。从更加抽象的层次上说,这也是他对自己一生经历的某种诗意化的体验。姜夔精通乐律、讲究用字,风格清空,受他影响的词人极多。

吴文英(约1207—约1269),字君特,号梦窗,四明(今浙江鄞(yín)州)人,是姜夔之后的又一大词人。他和姜夔一样,一生没有做过官。他也精通乐律,注重字的声调安排与音乐曲调之间的关系,写的词比较晦涩,很难读懂。《八声甘州·渺空烟四远》、《风入松·听风听雨过清明》就是吴文英著名的两首词作,词中打破了正常的时空顺序,以心理发展和情感逻辑为线索,把不同时间、空间的事物组合在一起,把虚境和实境组合在一起,把感觉和幻想组合在一起,使人分辨不出真幻虚实,造成一种朦胧迷幻的艺术效果。总的来说,吴文英以他独特的艺术风格赢得了与姜夔并列的地位。

在南宋末年的词坛上,又出现了一批著名的词人,其中有周密、王沂孙、张炎等。周密(1232—约1298),字公谨,号草窗。他的《玉京秋·烟水阔》是一首感叹秋至的作品,写得富于情致。词序是词作的一个组成部分,周密的部分词序写得很长,情节曲折,文辞优美,引人注目。他对于词的发展的另一项贡献,是编选了一部南宋词选《绝妙好词》。王沂孙(生卒年不详),字圣与,一字咏道,号碧山。他的咏物词不仅数量多,而且极富特色。他的《水龙吟·晓霜初着青林》就是一首出色的咏物词,词中有被咏之物,也有身临其境的词人。张炎(1248—1314),字叔夏,号玉田,又号乐笑翁。他的词多写亡国之

---

① 张炎《词源》卷下。

痛和身世之感,又往往把两者交织在一起抒写。张炎《解连环·孤雁》一词,深刻地写出他入元后的凄凉心态,他也因此词而被人誉为"张孤雁"。张炎还写有《词源》一书,提出清空雅正、讲究音律的词学理论。上述词人大都继承了姜夔、吴文英以来讲究格律的传统,词的意境虽不够开阔,但在发展词的艺术风格和语言技巧方面都有较大的成就。

**思考题**

1. 简述唐五代词的发展过程。
2. 柳永在词史上的贡献是什么?
3. 为什么说苏轼是词坛革新家?
4. 谈谈周邦彦对词的杰出贡献。
5. 李清照词的主要艺术特点是什么?
6. 如何理解辛弃疾的词?

# 第十章 宋代诗文

## 第一节 宋代诗歌

### 一、宋诗的特点

由于北宋时积贫积弱的社会特点和南宋时深重的民族危机,使宋诗缺乏唐诗那种恢弘开阔的气象,较少充满青春气息的浪漫主义歌唱,更多的是采用现实主义的创作方法,痛切国事,沉郁悲愤。南宋严羽在《沧浪诗话·诗辨》这一部分里就对唐宋诗作出了恰到的比较。他在肯定诗歌抒情和形象的特点后,是这样赞赏唐诗的:"诗者,吟咏情性也。盛唐诗人惟在兴趣,羚羊挂角,无迹可求。故其妙处透彻玲珑,不可凑泊,如空中之音,相中之色,水中之月,镜中之象,言有尽而意无穷。"而对宋代诗人的态度则是批评的:"近代诸公作奇特解会,遂以文字为诗,以才学为诗,以议论为诗。夫岂不工,终非古人之诗也。盖于一唱三叹之音,有所歉焉。且其作多务使事,不问兴致;用字必有来历,押韵必有出处,读之反覆终篇,不知着到何在。"具体说来,与唐诗比较,宋诗多善说理,尚议论,以理趣见长;唐诗则善于言情,即使说理也多以抒情方式出之,以情韵取胜。宋诗多以冷静的态度去观察客观事物,"以才学为诗",比较喜欢用典,书卷气较浓,显得委曲精深;唐诗多以强烈的激情去感受现实生活,重视生活感受的直接抒发和描写,显得深厚博大。宋诗把散文的章法、句法、字法引入诗中,结构手段、叙述方法和语言风格具有散文化倾向;唐诗则语言流丽。唐宋诗虽大异其趣，大相径庭，然各有面目，各有神采，应不可偏废。

## 二、北宋诗歌与苏轼

宋初诗坛，受晚唐五代诗风的影响，流行"白体"、"晚唐体"、"西昆体"三种诗风。所谓"白体"诗人，主要是指学习白居易作诗的一批诗人，如王禹偁（chēng）。他的长篇诗歌大发议论，已开宋诗议论化之风气。学"晚唐体"的诗人，以隐逸诗人林逋（bū）最为著名。他的咏梅名句"疏影横斜水清浅，暗香浮动月黄昏"[①]，打动了一代又一代的读者，至今传诵不绝。"西昆体"因《西昆酬唱集》而得名，以杨亿、刘筠、钱惟演为代表，特别注重效法李商隐的诗风，华美而典丽，曾经风行一时。

开创宋诗独特面目的诗人是梅尧臣和苏舜钦。梅尧臣（1002—1060），字圣俞，是一位勤奋写作的诗人。他追求平淡的风格，用他自己的话说就是"作诗无古今，唯造平淡难"[②]。从他的《鲁山山行》、《东溪》等诗歌可以看出其诗境平淡的特色。他也关注民生疾苦，《田家语》、《汝坟贫女》等诗歌，近于杜甫的《三吏》、《三别》。苏舜钦（1008—1049），字子美，与梅尧臣并提，称为"梅苏"。苏舜钦"状貌怪伟"[③]，性格刚烈，一生壮志难酬，晚年自筑沧浪亭消闲解闷。他的诗常常显得表面豪放、充满激情，实则蕴含了难以排遣的无奈。他早年所写的《对酒》一诗，直白地抒发了个人不得志的愤懑。

除梅尧臣、苏舜钦外，影响宋诗风貌形成的最大诗人是欧阳修。欧阳修是北宋开国以后第一位在诗、词、文和文学思想各方面都卓有成就的大家。欧阳修师法韩愈，积极倡导诗文革新运动。他的诗带有明显的散文化、议论化的特点，不过，他有意避免了韩愈诗歌的险怪

---

[①]《山园小梅》其一。

[②]《读邵不疑学士诗卷》。

[③]《宋史·苏舜钦传》。

与艰涩,融议论、叙事、抒情为一体。欧阳修的诗歌有反映现实的作品,但更多的作品表现个人的生活感受和经历,尤以贬谪期间所作诗篇成就最高。在艺术上,欧诗大多平铺直叙,语言浅显易懂,形成自然流畅的风格。欧阳修喜欢在诗中发议论,并与抒情、记事结合起来,扩大了诗歌的表现内容,如《戏答元珍》一诗,情景意理水乳交融,既形象生动,又耐人寻味。宋诗散文化、议论化的特点已可见一斑。

王安石的诗歌大致可以分为两个时期。一是为官时期,主要写政治诗,如《河北民》《收盐》等。他还写了大量的咏史诗。其中《明妃曲》二首最著名,在第一首中他一扫历代诗人写王昭君留恋君恩、怨而不怒的传统见解。诗人先勾画出王昭君古今艳传的绝代佳人形象,写出她独去异域、怀念故国的凄苦无告的心情,从而道出妇女在生活中受压迫、被蹂躏的不合理的现实,同时也流露了诗人怀才不遇的心情。王安石后期成就最高的诗作是在罢相以后写的抒情写景的小诗,人称"王荆公体"。这些小诗新颖别致,炼字炼句,妥帖自然,诗意含蓄隽永,如《泊船瓜洲》中的"春风又绿江南岸"一句,脍炙人口。

苏轼是中国文学史上罕见的全才。他既有李白豪放浪漫的天性,又有杜甫关心时事的良知,还有白居易悠哉游哉的闲情,更有王维一样的诸多才艺。苏轼的诗歌内容丰富多彩,主要有:一是政治诗,表达了诗人对于政治和社会重大问题的态度和观点,如《荔枝叹》一诗,诗人指名道姓地谴责当时"名臣"丁渭、蔡襄、钱惟演,把他们比作唐朝贡荔枝的李林甫,充分表现出诗人鲜明的政治态度和不畏权奸的斗争精神;二是抒情诗,着重反映了他壮志难酬、屡遭迫害的不幸遭遇和精神面貌,如《游金山寺》,在描写波澜壮阔的景象之后,抒发了自己的隐逸之情;三是写景诗,以丰富的阅历,足迹所到,摄取山水名胜,创作了大量的写景诗,如《饮湖上初晴后雨》一诗,把西湖景色之美写得特为传神,"欲把西湖比西子,淡妆浓抹总相宜"二句,已成为万口流传的绝唱。苏诗的艺术成就极高:他的诗想象丰富,奇趣横生,比喻新颖巧妙;

描写风光、物态、人情，都能做到体察入微，形神俱现；熔景、情、事、理于一炉，如《题西林壁》："横看成岭侧成峰，远近高低各不同。不识庐山真面目，只缘身在此山中。"通篇寄理于景，做到哲理与形象的高度统一；驾驭语言得心应手，出神入化，使事用典，信手拈来，且用得贴切自如；古近体无不兼备，尤长于古体和七言歌行。苏轼的文学天才和巨大成就，不论是在当时还是在后代都产生了深远的影响。

### 三、黄庭坚和江西诗派

黄庭坚（1045—1105），字鲁直，号山谷道人，又号涪翁，洪州分宁（今江西修水）人。他的诗歌极负盛名，与苏轼并称"苏黄"。他作诗学习杜甫，但不专注于杜甫诗歌的现实主义精神，而较多地在形式技巧上力求创新。他主张读书融古，模仿前人，在学问中求诗。他提倡所谓"点铁成金"和"夺胎换骨"的方法，在前人辞句或诗意的基础上点化发挥。他学诗注重法度规矩，又要求新求变。他的诗构思奇巧，又爱押险韵，作拗律，表现出一种生新奇峭的风貌，大大有别于唐人，自成一家，当时就被称为"山谷体"。在某种意义上可以说，宋诗的艺术特性集中体现在"山谷体"上。黄庭坚的诗在艺术上富有创造性，但由于在艺术形式上过分着力，影响了诗歌在表达上的通达流畅。

黄庭坚诗歌的题材以思亲怀友、感时抒怀、描山摹水和题书咏画为主。他的代表作《寄黄几复》，是为怀念他的朋友黄几复而写的。黄几复，南昌（今

黄庭坚

江西南昌)人,与黄庭坚少年交游。他们两人同科出身,曾经在京城欢会,此后一别十年。写此诗时,黄庭坚在北方做官,黄几复在南方做官,一北一南,相距甚远。诗中表达了对相隔万里、音讯难通的朋友的深沉思念,并追忆十年前两人在京城相聚饮酒时的欢乐,深情地赞扬了黄几复为官的清正廉洁和政绩卓著,对朋友晚境的孤寂凄哀充满了同情、惋惜与不平,其中也隐然寄寓着作者自己身世遭遇的感慨。这首诗立意曲深,富有思致;起接无端,出人意表;字烹句炼,造语警奇;音律上兀敖奇峭,比较全面地体现了黄庭坚诗歌的主要艺术特点。在黄庭坚的诗歌中,也有写得比较自然明畅的,如《登快阁》。这首诗写登上快阁时的所见所感:所见是清秋晚晴的明净广远景象,所感则是孤寂的心情和归隐的意向。三、四两句"落木千山天远大,澄江一道月分明",写秋山月夜景象,表现出一种开阔明净的境界,十分精巧而又自然生动。

黄庭坚的诗虽然现实性不强,但他讲究诗法,求新求奇,创造了一种奇巧瘦硬的艺术风格,使宋诗的发展产生了一种新的变化,改变了以前那种平易流畅的特点。因此他的诗歌产生了很大的影响,有很多人宗法他。因为他是江西人,江西诗派就诞生了。这个诗派因吕本中《江西诗社宗派图》而得名,虽然诗人并非全是江西人,但具有一定地域文化特色,是宋代最大的诗歌流派。江西诗派的一祖三宗,即以杜甫为一祖,黄庭坚、陈师道、陈与义为三宗。陈师道(1053—1102),字履常,又字无己,号后山居士。他一生为贫穷所困,以苦吟著名,曾自称"此生精力尽于诗"。他才气不及苏轼,学力不及黄庭坚,在诗艺上却有自己的追求,其诗质朴无华而又精炼简洁。陈与义(1090—1139),字去非,号简斋,生活在两宋之交。他的诗,总的说来写得比较清新,且不时能创造出一些奇特的诗境。

### 四、陆游和他的爱国诗

当一批靖康(1126—1127)前后出生的诗人步入诗坛时,南宋诗歌很快呈现出繁荣的态势。其中陆游、杨万里、范成大、尤袤（mào）四人特别出众，后来被称为"中兴四大诗人"或"南宋四大家"。

陆游（1125—1210），字务观，号放翁，越州山阴（今浙江绍兴）人。他幼年时期，正值金人南侵，历尽离乱之苦，从小就有忧国忧民之心。他自幼好学，特别喜欢兵书，十八岁便有诗名，二十五岁又拜师学习，更加确立了他诗歌的爱国主义基调，并进一步冲破了江西诗派的樊笼。

陆游的诗歌现存的就有九千三百多首，内容很丰富，其中最突出的部分，是反映民族矛盾的爱国诗歌。这些诗歌首先表现在他永不衰竭的爱国热情和上阵杀敌的坚强意志上。其次，还表现在他对沦陷区人民的深切关怀上。再次，也表现在他对腐朽无能、求和苟安的投降派的愤怒谴责上。他的名诗《书愤》的首联"早岁哪知世事艰，中原北望气如山"激荡着昂扬的爱国斗志，第三联"塞上长城空自许，镜中衰鬓已先斑"又充满了壮志未酬的愤懑，带有苍凉沉郁的色彩。整首诗诗人以无比激愤的笔触表达了一个有志之士对国家安危的忧虑。《十一月四日风雨大作》则写风雨交加之夜，老诗人还想到为国戍边，用梦思幻想表达他的爱国精神。《示儿》写于诗人临终之时，"王师北定中原日，家祭无忘告乃翁"，这是诗人的遗嘱，也是诗人最后呼喊出的爱国之声。《游山西村》是一首纪游诗，描写了农村生活。其中"山重水复疑无路，柳暗花明又一村"一联，既是写景状物的优美诗句，还具有某种哲理意味。

陆游

陆游诗歌的基本特征是现实主义，但也具有浓厚的浪漫主义色彩，有时两者结合起来。他的现实主义具体表现在他始终关怀国家民族的命运，不惜为国牺牲，并相当全面地反映了他那个时代的特点。在表现手法上，他往往把巨大的现实内容压缩在一首短诗里，或通过用事来概括现实。他的浪漫主义色彩具体表现在对理想的热烈追求，诗中具有丰富而瑰丽的想象，也有奇特的夸张。在诗歌语言上，陆游的诗具有晓畅平易，精炼自然的特色。在体裁方面，陆游的诗歌无体不备，各体俱工，更擅长近体诗。

**五、南宋其他主要诗人**

杨万里（1127—1206），字廷秀，号诚斋，吉州吉水（今江西吉安）人。他的诗能摆脱江西诗派的束缚，直接从自然景物吸收题材，自然界的一切，大而高山流水，小而游蜂戏蝶，一一入诗，从而形成自己独特的风格，被严羽《沧浪诗话》称为"杨诚斋体"。"诚斋体"的特点有三个方面：一是富于幽默诙谐的风趣；二是丰富新颖的想象；三是自然活泼的语言。杨万里是一个比较关心国家命运的诗人，他的《初入淮河四绝句》就是直接抒写爱国情感的作品，诗歌结合眼前景物，"含不尽之意，见于言外"。

范成大（1126—1193），字致能，号石湖居士，吴郡（今江苏苏州）人。他的诗歌主要有两个部分。一是爱国诗，以他使金七十二首七言绝句为代表。这类诗歌内容丰富，或表现黍离之悲，或景仰抗敌为国者，或谴责昏君庸臣，或反映人民的苦难等。如他的《州桥》一诗："州桥南北是天街，父老年年等驾回。忍泪失声询使者，几时真有六军来？"诗人用寥寥数笔，写出了中原父老盼望恢复的真切心情。二是田园诗，以他的《四时田园杂兴》为代表。这组诗分"春日"、"晚春"、"夏日"、"秋日"、"冬日"五组，共六十首。这类诗歌像一幅不断展开的农村风俗画卷，展示了丰富多彩的宋代风土人情，富有浓郁的乡土气息。如其中《昼出耘田夜绩麻》一诗，描写农村生活的紧张，大人一天到晚都在劳动。"童孙未解供耕织，也傍桑阴学种瓜"，写出了幼小的儿童也模仿大人，学着种瓜的情景，孩童的天真可爱跃然纸上。

南宋中期以后，诗坛由四灵派和江湖派占领。永嘉四灵包括：徐照（？—1211），字道晖，一字灵晖，号山民。徐玑（1162—1214），字子渊，又字致中，号灵渊。翁卷（生卒年不详），字续古，一字灵舒。赵师秀（1170—1219），字紫芝，号灵秀。四人的字或号里都有个"灵"字，故一般认为"四灵"的名称即源于此。永嘉四灵的诗虽然没有回复到江西诗派的艰涩与用典，却也远离了南宋四大家过于直白、毫无诗意的后期诗风，从而在一定程度上使南宋诗再一次回到注重形式之美的道路上。江湖派由《江湖集》而得名。这部书是由临安书商陈起（？—约1257）刊刻的主要收录浪迹江湖的文人诗作的总集。戴复古（1167—？），字式之，号石屏，擅长写一种浅显而比较口语化的诗作。年辈比戴复古小，而名声更大的诗人是刘克庄（1187—1269），字潜夫，号后村居士。他是一位理论与创作兼长的诗人，晚年著有《后村诗话》。严羽（约1195—1240），字仪卿，一字丹丘，号沧浪逋客。他虽未被列入江湖诗派，但与该派诗人多有交往。他诗学研究的成果即为《沧浪诗话》，提出了一套完整的诗歌理论，为宋末诗坛增添了些许光芒。

南宋末的诗歌以文天祥的爱国诗为代表。文天祥（1236—1282），字履善，又字宋瑞，自号文山。江西吉水人。他的《过零丁洋》诗中的"人生自古谁无死，留取

文天祥

丹心照汗青",在历史上的不同阶段都曾发生过极大的激励作用,他的诗篇和他的品格一直为人们所尊崇。

## 第二节　宋代散文

宋代散文主要是指北宋的文章。在北宋一百六十多年的时间里,集中出现了欧阳修、苏洵、曾巩、王安石、苏轼、苏辙等在中国散文史上占有重要地位的作家及其作品,从而使北宋散文成为自先秦、中唐散文之后中国古代散文史上的又一个创作高峰。南宋的散文虽然没有取得北宋散文的巨大成就,但也出现了不少前所未有的现象,形成了区别于其他时代的独特而鲜明的特色。

北宋初期,骈文占领文坛,引起了一些处于下层的文人学者的不满,纷纷站出来抵制这股文风,最具代表性的人物是柳开、王禹偁等。他们倡导古文,主张明道、致用、尊韩、用散体等,由此揭开了北宋诗文运动的序幕。但是这些人社会地位不高,创作成就有限,产生的影响不大。柳开(947—1000),是北宋最早提倡写作古文的作家。他的文章密切联系时政,文风朴实,开一代文章之新风。王禹偁(954—1001),字元之,巨野(今属山东)人。他是北宋初期要求改革朝政的名臣,也是宋初古文运动的先驱者之一。他的文章具有较为广阔的社会生活内容,表现了对国事艰难的担忧和对百姓苦难的同情。文章语言平易自然,风格简雅古淡,艺术性较高,呈现出宋代古文家为文的主要特征,对后世欧阳修、苏轼等人都产生了一定的影响。他的传世文章有《待漏院记》、《黄州新建小竹楼记》。

北宋中期是散文创作最为繁荣的时期,宋代散文大家大多汇集在这个时期。范仲淹(989—1052),苏州吴县(今属江苏)人,北宋前期著名的政治家,也是一位文学家,写有大量的散文。脍炙人口的《岳阳楼记》就出自他的笔下。这篇文章借记叙重修岳阳楼一事，着力描绘了洞庭湖的景色，表现了自己"不以物喜，不以己悲"的情怀，抒发了"先天下之忧而忧，后天下之乐而乐"的宏伟抱负。文章记事简明，写景铺张，抒情真切，议论精辟，气势磅礴。

曾巩（1019—1083），字子固，建昌南丰（今江西南丰）人，人称"南丰先生"。他是北宋著名的文学家，尤以文章著称，是"唐宋古文八大家"之一。曾巩的文章不讲究文采，但注重章法，语言简洁凝练，文风安详平和。《墨池记》是他的一篇名作，虽以"记"名篇，却重在说理，借事立论，通过对王羲之学书法的墨池的记述，以细小而感人的遗闻逸事，论及治学和为人，深化了文章的勉学主旨。

王安石（1021—1086），字介甫，晚号半山，抚州临川（今江西抚州）人，故也称"王临川"。晚年退居江宁（今江苏南京），封荆国公，世称"王荆公"。王安石是北宋著名的政治家、思想家，又是杰出的诗人和散文家。他的散文富于现实性和浓厚的政治色彩，艺术别具一格，以简洁精炼、长于说理为其特征。《答司马谏议书》就是他的一篇著名作品，以简洁的文笔，一一驳斥对手加给他的罪名，一显雄健、锐利的文风。《读孟尝君传》等，文字简短，议论警策，一语破的，写出不同寻常的惊人之见。王安石为数不多的记叙文，如《伤仲永》、《游褒禅山记》等，不以生动的描绘、精细的刻画见长，而是因事明理，

王安石

从剖析具体的事物中提出理性的见解，叙事与议论相结合，极富特色。

苏洵（1009—1066），字明允，号老泉，眉州眉山（今四川眉山）人，世称"苏文公"，也称"老苏"。苏洵和他的两个儿子苏轼、苏辙，合称"三苏"。苏洵的《六国论》借评论六国的破灭，尖锐地批评了北宋的对外政策，文笔纵横恣肆，造语古朴简劲。苏辙（1039—1112），字子由，是苏洵的儿子，苏轼的弟弟，有"小苏"之称。他为人严谨，文章以稳健见长。苏辙以政论文和史论文写得最好，如《新论》三篇、《历代论》《三国论》等。《黄州快哉亭记》也是苏辙的一篇名作，以"快哉"二字领起全篇，或写景，或叙事，或抒情，或议论，手法多样，引人入胜。

北宋末年，黄庭坚、秦观等的文章，都有独到的艺术造诣，只是他们的文名往往被诗名、词名所淹没。黄庭坚的《答洪驹父书》就是一篇著名的论文之作，文中系统地阐述了自己的文学观点，又写得坦率自然，文情并茂。秦观的文章并不逊色于他的诗词，议政论史之文成就显著，如《袁绍论》等。他的《龙井记》构思奇特，笔法巧妙，颇具文学色彩。

南宋的散文总体成就不高，但也有颇具时代特色的作品。文天祥的《正气歌序》《指南录后序》写得大义凛然，大气磅礴。李清照的《金石录后序》则写得悲怨忧愤，感人至深。这一时期的文体也有创新，出现了一批山水游记、诗话词话和笔记杂文。陆游的《入蜀记》、范成大的《无船录》、洪迈的《容斋随笔》、严羽的《沧浪诗话》、张炎的《词源》等，多是著作形式，又可独立成篇，形式多样，景象万千。

## 第三节　欧阳修的散文

欧阳修（1007—1072），字永叔，号醉翁、六一居士，吉州庐陵（今江西吉安）人。他出身低微，生活贫困，四岁丧父，从小由他的母亲抚育教养。经过一番勤学苦读，二十三岁的欧阳修考中进士，以后开始为官。宋仁宗庆历三年（1043），范仲淹任参知政事，实行新政。欧阳修支持并积极参与庆历新政，但新政持续的时间不长，为此他遭到了被贬官的命运，历时很久。宋仁宗嘉祐六年（1061），欧阳修官至参知政事，封开国公，后被群小诬陷，深受伤害，屡次辞官，不愿执政。宋神宗熙宁五年（1072）他病死于颍州（今安徽阜阳），谥文忠公。

欧阳修是北宋重要的政治家，积极参与朝政的改革。他为人刚直敢言，胆识超人，大义凛然，因此在仕途上几起几落，历尽波折。同时，他又是北宋诗文革新运动的倡导者。他上承中唐韩、柳古文运动的传统，又在北宋初期诗文革新先驱们取得成果的基础上，把北宋古文运动推向了高潮。在理论上，他把道与生活中的"百事"联系起来，主张"道胜文至"、"事信言文"，反对浮靡的骈文。他又有知人之明，把当时著名的文人，如王安石、苏洵、苏轼、苏辙、曾巩等团结在自

欧阳修

己的周围，形成一个文学集团。他的散文作品，是反对当时流行文体的最好典范。他提倡平实朴素的文风，反对追求险怪艰涩的倾向，形成一种平易畅达又情韵兼备的艺术风格。欧阳修领导的北宋"古文运动"，实际上是唐代古文运动的继续，但并不完全是尊崇和效仿，由此翻开了中国古代散文新的一页。

欧阳修是北宋文坛的领袖、宋代散文的奠基人。他的散文创作，数量极大，文体多样，几乎应有尽有，而且各极其工，作品主要分议论文、叙事文及抒情散文三大类。

　　议论文在欧阳修的文章中比重最大，包括政论、史论、文论。政论是欧阳修笔下最常见的文章形式之一，这些作品主要是揭露时弊、阐明政治改革的主张，现实性极强。他的《朋党论》是政论文中的名篇。文中旗帜鲜明地提出"小人无朋，唯君子则有之"的论点。阐明治理国家必须"退小人之伪朋，用君子之真朋"，使保守派妄加的"朋党"罪名不攻自破。文章论证纡徐有致，从容不迫。还有一些通过书信的形式，用平易的语言阐明道理的作品，如《与高司谏书》，尤为典型。这篇书信体散文主要为范仲淹直言进谏而遭贬官鸣不平，揭露高司谏对范仲淹的诋毁。文章围绕这一主旨并不剑拔弩张，锋芒毕露，而是在不疾不徐中见锋芒，在曲折迂回中斥责高司谏的趋炎附势。行文和语气纡徐委婉，显示出欧阳修议论文中柔中见刚的典型风格。史论主要是借古鉴今，如《五代史伶官传序》，开篇即亮出了"盛衰之理，虽曰天命，岂非人事哉"的观点。然后通过后唐庄宗李存勖由强盛到衰亡的史实，推导出"忧劳可以兴国，逸豫可以亡身"的结论。

　　欧阳修的记叙文主要包括记和笔记等，都具有很高的艺术成就。他的"记"主要有游记、亭台记和记事记物的笔记等，如《醉翁亭记》、《丰乐亭记》等。《醉翁亭记》是欧阳修散文中的代表作。文章由远而近，描绘滁州山水，后又描绘山间朝暮之景和四时景观，展现与民同乐的欢娱场面。全文层次分明，具体生动，语言流畅自然、错落有致。笔记在宋代得到了长足的发展，欧阳修是开风气之先的作家。《归田录》是欧阳修代表性的笔记文集，集中的名篇《卖油翁》讲了一个生动有趣的故事，阐明了"熟能生巧"的道理。

　　欧阳修的抒情文，平易自然，抒情味浓厚，主要体现在他的祭文和文赋中。《祭石曼卿文》是他祭文中的佳作。全文仅306字，情中寓理，理中见情，通过三呼曼卿，倾泻思念之情，催人泪下。赋是一种独立的文体，但在其发展过程中衍生出许多别体。宋代散文发达，它可以被引入诗，有"以文为诗"，可以引入词，有"以文为词"，散文当然也可以引入赋，这就是所谓的文赋。文赋在写物、言情、议论诸方面显得更加自由灵活，笔调更趋散文化，但仍然能保持形象性和音乐性的特质。欧阳修最为人所传诵的《秋声赋》，就是代表宋代文赋的典范之作。这篇文赋的主旨在通过秋声描摹自然界的秋天，抒发对自然和人生的感慨，表现人生变幻无常的悲哀和无力改变国家颓势的无奈。文中运用多种譬喻和烘托，尤其是对比映衬的艺术手法，对无形的秋声作了绘声绘色的描述；文章又骈散相间，以问答形式行文，并注意音节、语词的抑扬顿挫，使全文旋律优美，抒情浓郁，集中体现了宋代文赋的特点。

如果说中唐韩愈的散文好像长江大河，其特点是雄奇奔放的话，那么欧阳修的散文就像微波荡漾的清池曲水，其主要风格就是语言简洁流畅、文气纡徐委婉，风貌平易自然，体现了和唐文不同的风韵。这种平易自然、舒缓畅达的文体特色，常常在文中展现出一种从容容的风度，使欧阳修更具长者风范而独立于唐宋文坛。

## 第四节　苏轼的散文

北宋中期的文坛，在欧阳修的倡导和提携下，人才辈出，形成一股复兴散文的强大力量。继欧阳修之后，苏轼的散文成就最为显著。当苏轼初出茅庐之时，就引起了欧阳修的高度重视。他曾经对王安石等人说，三十年后的文坛将是苏轼的天下。苏轼果然不负所望，成为北宋诗文革新运动最杰出的代表人物，与韩愈、柳宗元、欧阳修并称。他的散文代表了宋代散文的最高成就。

苏轼的散文创作，是在其文学思想的指导下进行的，而且他的文学思想与北宋"古文运动"中的其他作家有明显的不同。在表面的基本原则上，苏轼与欧阳修并无二致。他也重视文以载道的作用，曾经

说:"我所谓文,必与道俱。"① 苏轼非常推崇韩愈和欧阳修,认为韩愈"文起八代之衰,而道济天下之溺"②,认为欧阳修"著礼乐仁义之实,以合于大道"③。但苏轼并不把文章束缚在"载道"的工具上,还肯定人的感情、欲望和个人意志,提倡出入百家,独立思考,追求文学作为一种艺术创造的价值。他崇尚的艺术风格,正如他自己所说的:"大略如行云流水,初无定质,但常行于所当行,常止于所不可不止,文理自然,姿态横生。"④ 所有这些文学思想都贯穿于他的散文创作中,从而使他的散文呈现出多姿多彩的面貌。

　　苏轼的散文代表了北宋散文的最高成就。他的散文数量极多,现存有4000余篇,各种文体应有尽有,名篇佳作不胜枚举,艺术的独创性更是令人赞叹不已。他的散文可约略分为议论文、叙事文、各体杂文、文赋四类。

　　苏轼的散文中,史论、政论属于议论文的范围,这样的文章为数不少。史论中的文章主要依据常见的史料引出独到的识见,颇有惊人之论,最能体现苏轼渊博的知识和横放的才思。如《留侯论》、《范增论》、《贾谊论》等,篇篇立意新奇,雄辩滔滔,文笔自然流畅。《留侯论》一文,一扫陈见,翻出新意,着重围绕"能忍不能忍"一点提出自己的观点,评论留侯张良的一生。在政论中,《教守战策》无论从内容上还是从艺术形式上看,都是一篇不可多得的名篇。文章针对宋仁宗嘉祐年间国内习惯于贪图安逸的情况,提出了"知安而不知危,能逸而不能老"的中心论点,然后结合当时北宋与邻国之间不可避免的形势,阐述教民习武以确保国强民安的道理。文章恰到好处地运用了多种论证方法,析理透辟,易于理解,说服力极强。

---

① [宋]黎靖德《朱子语类》。
② 苏轼《潮州刺史韩文公庙碑》。
③ 苏轼《居士集序》。
④ 苏轼《答谢民师书》。

苏轼的记叙文主要包括一些游记、亭台记等，在他的各体文章中艺术价值最高，最富有艺术独创性。这一类散文，往往打破了各种文体之间的界限，把抒情、状物、写景、说理、叙事等艺术手段错杂并用，顺着自己的感受、联想，信笔写去，结构看似松散，意脉却在不知不觉中贯穿其间，使文章如行云流水，姿态横生。《石钟山记》就是一篇独具一格的游记。文章通过记游来揭示一个道理，即凡事必须亲临实践，调查研究，才能得出正确的结论。文章融记叙、抒情、议论于一体，具有强大的感染力和说服力，显示了苏轼高超的写作技巧。《超然台记》一文，借台记以抒情说理，议论超然之乐，从正反两个方面论证了世上所有事物"皆有可乐"的道理，反映了苏轼恬淡自适、无往不乐的心境，也表现了他超然旷达的人生姿态。文中叙述、描写、议论间错并用，尤其以议论见长，而且精于思辨。

苏轼的各体杂文主要包括杂记、书札、杂说、随笔等，数量可观，独具风韵，很能体现他开阔的胸襟和坦率幽默的个性。《筼筜（yúndāng）谷偃竹记》围绕画作《筼筜谷偃竹图》来议论、叙事和抒情，构思别致，写法新颖，信笔挥洒，如同行云流水。《答谢民师书》既是一篇书信体散文，又是一篇有个人见解的文艺性论文。文章文笔流畅，挥洒自如，语言简练而含意深远。《记承天寺夜游》是一篇绝妙的文章。文中对月夜的描写是何等美妙，同时，可使人领略其被贬的落寞处境，也可感受到作者对生活与自然的一往情深，令人回味无穷。

欧阳修的《秋声赋》是宋代散文赋趋向成熟的标志，之后，苏轼以他横溢的才华和杰出的创造力，进一步兼取古文和赋的优点，用写散文的方法来作赋。他一共写了二十多篇赋，最优秀的文赋就是《前赤壁赋》和《后赤壁赋》。它们既能体现苏轼的精神，又能显示其卓越的艺术才华。《前赤壁赋》是苏轼散文中最负盛名、影响最深远的篇章。全文在自夜及晨的时间流动中，贯穿了整个的游览过程与情绪变化，巧妙地把写景、对答、抒情、议论融合一起，达到了寓情于景、情景

交融，既蕴含哲理，又富有诗情画意的艺术境界。《后赤壁赋》同样叙写赤壁月夜之游，同样反映作者遭贬之后苦闷矛盾的心境，但写法各异，境界不同。通观苏轼前、后《赤壁赋》，前者由乐到悲，又由悲到乐，表现出一种比较达观的情绪；后者由乐到悲，又转移到一种怀疑精神上去，带有一种悲怀迷惘的色彩。苏轼这两篇文赋的叠加，可以看到他正视现实命运的一面，也体现了他思想的深刻之处。

在"唐宋八大家"中，韩愈、柳宗元、欧阳修、苏轼，特别受到人们的推崇。宋代李涂在《文章精义》中对他们的文章作了精彩的评论："韩如潮，柳如泉，欧如澜，苏如海。"用"海"来比喻苏轼的文章应该是比较贴切的。他自己也曾经说过："吾文如万斛（hú）泉源，不择地而出，在平地滔滔汨汨，虽一日千里无难。及其与山石曲折，随物赋形，而不可知也。所可知者，常行于所当行，常止于所不可不止，如是而已，其他虽吾亦不能知也。"①总之，苏轼散文气势磅礴，笔力雄健，有时如行云流水，无遮无拦，有时又如小径通幽，曲尽其妙。

### 思考题

1. 试比较唐宋诗的异同。
2. 谈谈黄庭坚与江西诗派。
3. 简述欧阳修的散文及其艺术特点。
4. 简述苏轼的散文及其艺术特点。

---

① 苏轼《文说》。

# 第十一章　元曲

## 第一节　元曲概说

　　元曲，是人们对元代文学的一种习惯性称谓，代表了世人对元代文学创作成就的认识和概括性评价。元曲包括散曲和杂剧两个部分。散曲是在宋词基础上发展起来的新诗体，依篇幅长短可分为小令和套数；杂剧是融文学创作和多种表演成分于一体的综合性艺术。它们共同构成了元代文学的主体。元曲是元代文学的标志，与唐诗、宋词、明清小说并驾齐驱。

　　散曲和词一样，都是合乐的歌词，但两者又有明显的不同：散曲句子的长短变化幅度比词更大，短者有一字句、二字句，长者有达二三十字的，而且句中多衬字，不像词那样一字不易，因而更富表现力；散曲必须通篇押韵，不能换韵，但是平、上、去三声可以通押，不像词那样平仄绝对不能通用；散曲表情达意直率显露，多用白描手法，不像词那样多用比喻象征，讲究含蓄曲折。

　　散曲分小令和套数两种。小令是单独的一支曲，套数则由两支以上的曲组成。元代散曲，据隋树森《全元散曲》统计，作家有名可考的有二百一十三人；小令三千八百五十首，套数四百五十七套。其数量较唐诗、宋词为少，但却能与唐诗、宋词并称，这与它的特色是分不开的。

　　元杂剧的兴盛离不开前代的艺术积累，同时也有所创新，否则它就不能构成自身独特的艺术体制。当然，元杂剧的兴盛还与元代社会特定的社会经济条件有着密切的关系。这主要有三个方面。一是元代社会城市经济的繁荣，为元杂剧的兴盛创造了足够的物质基础和群众基础。戏曲艺术是一种通俗性的市民艺术，而元代社会日渐恢复的城市经济及由此形成的市民阶层，对杂剧艺术的昌盛有着强烈的刺激性。元代前期的大都、后期的杭州，都是人口聚集、经济繁荣的都市，勾栏青楼的密集，富商大贾的纠合以及众多的市民，都为杂剧的发展提供了充实的基础。二是民族歧视造成双重压抑，一方面汉人遭受民族歧视，另一方面，由于元朝统治者取消了科举考试，使知识分子中断了科举取仕的途径，并被压到了社会的底层。但元代社会的这种独特性恰好促成知识分子成立"书会"，并形成了这种独特的剧作家队伍，他们以全部精力从事杂剧创作，还抛弃世俗的偏见，和"艺人"密切交往，从而取得了剧作的丰收和演出的高度成就。三是元朝统治者对元杂剧十分喜好。

　　元杂剧是具有完备文学剧本和严格表演形式的戏剧。它的特点是：基本形式为一本四折，通常另外加一个"楔子"，少数剧目可以多本，如《西厢记》；其核心部分是唱词，每一折用同一宫调一套曲子组成，一韵到底；四折可使用四种不同的宫调；限定每一本由正旦或正末两类角色中一类主唱等。元杂剧的一些艺术特点，也是中国戏曲的基本特征。它的艺术形式对后世戏曲产生了深远的影响，可以说它奠定了中国戏剧形式的基础，具有独特的民族特点，开创了中国戏曲艺术的新纪元，标志着中国戏曲的成熟。

　　元杂剧是中国戏曲史上的第一个高峰，标志着中国古代戏曲真正走向了成熟，并且在中国文学史上产生了一批杰出的作家和优秀的作品。元代钟嗣成《录鬼簿》中列为杂剧作家之首的关汉卿，与马致远、郑光祖、白朴，合称"关、马、郑、白"，又称之为"元曲四大家"。关汉卿的《拜月亭》、王实甫的《西厢记》、郑光祖的《倩女离魂》、白朴的《墙头马上》被称为元代的四大爱情剧。另外,还有康进之的《李逵负荆》、高文秀的《双献功》、纪君祥的《赵氏孤儿》、石君宝的《秋胡戏妻》等著名杂剧,共同形成了元杂剧的繁荣景象。

## 第二节　元代散曲

元代散曲一般分为两个时期。前期的创作中心在北方,作品的民间气息比较浓厚,风格以质朴自然为主;后期逐渐向南方转移,风格趋于工整、雅丽。前期的作家主要有关汉卿、马致远、白朴、张养浩等人;后期的作家主要有张可久、乔吉、睢(suī)景臣、徐再思、贯云石等人。

### 一、元代前期散曲

关汉卿(生卒年不详),他的散曲,小令现存五十七首,套数现存十三套。他的散曲泼辣大胆,无论描写炽热奔放的激情,还是刻画细腻婉曲的心理,无不擅长。他的《南吕·一枝花·不伏老》通过生动的比喻和泼辣的语言,竭力抒写了一个剧作家的生活和性格,展现了作者及时行乐的思想和滑稽、放诞的作风。他还有很多描写男女之情,或写景抒情的作品。《南吕·四块玉·别情》一曲,描写热恋中的女子舍不得心上人远走高飞,情人远去,仍痴痴呆立。《双调·沉醉东风》,则写女子虽与情人难舍难分,但又认为情人的前程要紧,自己应予支持,于柔情似水中深明大义,是一个独具特色的女性形象。套数《南吕·一枝花·杭州景》,浓墨重彩,描摹了名城杭州的无限风光。

马致远(约1250—约1321),号东篱,元大都(今北京)人。他是元代散曲大家,善于抒情写景,作品的艺术风格,本色天然,清逸

马致远《秋思》

淡雅，富有诗情画意。他的传世名作是《天净沙·秋思》："枯藤老树昏鸦，小桥流水人家，古道西风瘦马。夕阳西下，断肠人在天涯。"寥寥二十八字就描绘出一幅暮秋夕照图，衬托出天涯游子悲苦孤独的情怀，被人誉为"秋思之祖"。他的套数也别有风采，《般涉调·耍孩儿·借马》，描写了一个爱马如命的人在别人向他借马，他不愿借却又不能不借时的那种复杂心情。这个套数展露了马主人在别人向他借马后的全部内心活动，当万般无奈借出时，竟一连向借马者交代了将近三十条注意事项；早晨借出去，傍晚就依门相望，对马儿一往情深，远胜情人。曲中语言幽默诙谐，用俗而不见俗。在散曲中叙事而且塑造出这样鲜活的人物形象，尤其难得。

张养浩（1270—1329），字希孟，号云庄，济南（今属山东）人。他是介于前期和后期之间的作家，艺术风格偏于豪放，与马致远相似。他的散曲分为两类：一类写的是隐逸叹世之作，如《双调·雁儿落兼得胜令·退隐》；另一类写的是咏史怀古和忧国忧民之作，著名的《中吕·山坡羊·潼关怀古》指出了老百姓在封建社会不论怎样改朝换代总不能摆脱痛苦的境地。结语"兴，百姓苦！亡，百姓苦"，用高度精炼、概括的语言对封建王朝的盛衰兴亡做了价值评判，道前人所未道，是元曲中不可多得的佳作。

白朴（1226—约1306），字仁甫，又字太素，号兰谷先生，祖籍隩州（今山西河曲附近），后徙居真定（今河北正定县），晚岁寓居金陵（今江苏南京）。他幼年时身遭国家和家庭的变故，直接影响了他一生的命运，终身不仕。他的散曲大都是发泄牢骚和抒发内心抑郁情感的作品。他的《中吕·阳春曲·知几》可以说是这方面的代表。白朴也是写景状物的高手。他用《越调·天净沙》曲牌作了两组《春》、《夏》、《秋》、《冬》，第一组写景尤为出色。他写的爱情题材的作品则很有民歌风味，如《中吕·阳春曲·题情》等。

### 二、元代后期散曲

随着南北交流的扩大，北方作家纷纷南下，南方也出现了许多优秀的作家，于是，后期散曲的重心向南方转移，江南一带成了散曲创作的繁荣地区。这个时期出了不少专攻散曲的作家，作品的题材也比前期有了拓展，一般文人的各种活动，包括赠答、游览、送别、言情、抒怀等一一表现在作品中，以致散曲真正成为了与诗、词鼎足而三的诗体。后期的社会矛盾比较缓和，创作中前期的愤激和不平明显少了，原先本色、豪放的风格也转向清丽、蕴藉。后期散曲作家中有不少人写出了许多好作品，它们各有自己鲜明的特点。

张可久（1270—1349），字小山，是元代散曲作家中创作数量最多的一位。他偶尔有揭露社会黑暗的作品，如"人皆嫌命窘，谁不见钱亲"[①]，揭示了社会上某些人唯钱是命的心态。但他的散曲大都是归隐、写景抒情及男女恋情的作品，如《殿前观·爱山亭上》，写的是隐居的乐趣，而《金字经·春晚》、《天净沙·湖上送别》二首，则写景抒情或写男女情思。这些作品清新明丽，优美动人，词化倾向十分明显，代表了后期散曲的特点。

乔吉（约1280—1345），字梦符。他的散曲清丽秀雅，婉约多姿，多是描写山水风光，感叹人生际遇之作。他的《南吕·玉交枝·闲适》

---

① 张可久《正宫·醉太平·无题》。

二曲，虽是讴歌闲适之乐，但功名事业并非全然忘怀，只是与之无缘而懒得去想罢了。

睢景臣（生卒年未详），字景贤。他的套数《般涉调·哨遍·高祖还乡》在当时就轰动曲坛，成为名篇。这篇套曲以辛辣犀利的笔锋直接讽刺一代帝王刘邦，将这位汉朝天子的形象以漫画的形式描绘出来，如在揭露刘邦底牌时写道："你须身姓刘，您妻须姓吕，把你两家儿根脚从头数，你本身做亭长耽几盏酒，你丈人教村学读几卷书，曾在俺庄东住。也曾与我喂牛切草，拽坝扶锄。"最后，还要来上一句："只道刘三，谁肯把你揪摔（zuó）住，白甚么改了姓，更了名，唤做汉高祖！"这个套数将散曲俚俗、泼辣、诙谐的特征发挥到了极致。

徐再思（生卒年不详），字德可。他因喜欢吃甜食，自号甜斋，与号酸斋的贯云石（生卒年不详）同时代，名声也相近，后人就将他们二人的散曲并称为"酸甜乐府"。徐再思的散曲于清丽之中时有神来之笔，拿手的题材是男女恋情，特别擅长写情人间的相思之苦："相思有如少债的，每日相催逼。常挑着一担愁，准不了三分利。这本钱见他时才算得。"①曲中比喻形象，语言也明白晓畅。贯云石，维吾尔族人。他精通汉语，所作散曲，清丽豪放，冲淡自然，多写现实生活和儿女之情。

## 第三节　元代杂剧

### 一、关汉卿和他的《窦娥冤》

关汉卿是中国杰出的戏剧家，也是一位具有世界影响的"文化名人"。他是中国最早从事剧本创作的作家之一，作品最多，见于载录的

---

① 徐再思《双调·清江引·相思》。

达六十六种,现存十八种。至于他的生平情况,根据现存的片段材料只能知其大概。钟嗣成《录鬼簿》说他是大都人,号已斋叟,曾任太医院尹。他"生而倜傥(tǐtǎng),博学能文,滑稽多智,蕴藉风流,为一时之冠"①。对此,他本人在《南吕·一枝花·不伏老》套数中有更透彻的自白,可以从中知其大致的性格。他一生从事戏剧活动,生活在下层,甚至"面敷粉墨","偶倡优而不辞"。

《窦娥冤》

《窦娥冤》是关汉卿的代表作,共分四折,前面加有一个"楔子",写女主人公窦娥遭受冤屈的故事。秀才窦天章为了抵债和筹得进京考试的费用,忍痛将他的女儿窦娥卖给蔡婆家当童养媳。十年后窦娥与蔡婆的儿子成婚,可还没过上二年窦娥就死了丈夫,成为寡妇。当地地痞张驴儿父子企图霸占她们婆媳俩,窦娥坚决不答应。张驴儿由此心生歹意,想害死蔡婆,逼迫窦娥与她成亲,不料阴差阳错,反而害死了自己的父亲。张驴儿便诬陷窦娥害死其父,想逼她顺从自己,却遭到窦娥的拒绝。张驴儿见与窦娥的亲事无望,就将蔡婆婆媳二人告到官府。当时断案的官员是位糊涂官,根本不辨是非,对窦娥严刑拷打,但窦娥坚决不屈服,不断申

---

① [元]熊梦祥《析津志·名宦传》。

诉冤情。当要拷打年迈的婆婆时，窦娥于心不忍，被迫违心招供，由此窦娥被冤判死刑。临刑前，她发下三桩誓愿：血溅白练、六月飞雪，楚州大旱三年。后来，这三桩誓愿一一实现。十六年后，窦娥的父亲窦天章身为朝廷命官，重新审理这一冤案，才使窦娥的冤屈昭雪于天下。《窦娥冤》的故事真实而深刻地反映了当时的社会现实，揭露了官府的黑暗和政治的腐败。当然，作品最大的成就就是通过窦娥形象的塑造反映了下层人民的善良品质、悲惨命运、反抗精神和有怨必伸的愿望。

《窦娥冤》的艺术成就是卓越的。首先，它塑造了一个从逆来顺受到至死不屈的艺术形象。窦娥的一生是不幸的，她三岁丧母，七岁失父，十七岁完婚，不久便成为寡妇。她原是一位本分善良的妇女，丈夫死后依然尽孝守节，可命运之神还是不公正地对待了她，最后把她送上了断头台。与此同时，她的性格在外力的压迫下逐渐变得坚强起来。当她被张驴儿告到官府后，最初还寄希望于清正的公堂，然而酷吏的糊涂残忍又熄灭了窦娥的希望之火，使她变得更加坚强。尤其在第三折中，她在法场上至死不屈，倾吐不平之气："地也，你不分好歹何为地！天也，你错勘贤愚枉做天！"她叱（chì）天骂地，把怨恨直接指向封建社会的最高主宰。即使死到临头，她依然发下三桩誓愿，后一一应验，表明了窦娥的天大冤枉，同时，这也是对黑暗现实的强烈抗议。作品对窦娥形象的描写，既坚持了现实主义的原则，又运用了浪漫主义的手法，二者结合，有助于窦娥形象的塑造。其次，杂剧结构精练，关目清晰，层次井然。再次，它的语言典雅通俗，语汇丰富，十分形象。前人誉关汉卿的戏曲语言为本色当行，《窦娥冤》即是这种美誉的代表作。

**二、王实甫和他的《西厢记》**

王实甫是中国戏曲史上最优秀的作家之一，可惜其生卒年未详，

《西厢记》

生平情况也无从考究。钟嗣成《录鬼簿》说他"名德信,大都人"。另据一些零星的资料说他先官后隐,家境不错,至少活了六十多岁。他擅长杂剧的创作,《录鬼簿》录有他十四种杂剧,在当时已很有声名,他的《西厢记》"天下夺魁"。

《西厢记》故事的最早来源是唐代元稹的传奇小说《莺莺传》。这部传奇小说叙述张生游于山西蒲州,寄居普救寺,与莺莺相见、进而相爱,但张生对莺莺"始乱之,终弃之",是一个玩弄女性的负心汉。莺莺也缺少反抗性,另嫁了他人。这部小说已经基本构成了"西厢"故事的主要情节。此后,这个故事开始流传民间。在"西厢"故事的演变史上,最值得注目和有着很高成就的是金代董解元的《西厢记诸宫调》。它既是对前代"西厢"故事的创造性革新,又是后代杂剧《西厢记》的直接开启者。《西厢记诸宫调》在"西厢"故事演变中的贡献,

首先在于它大大丰富了"西厢"故事的情节内核，以洋洋五万言的篇幅充实了故事实体并生动细致地刻画了人物形象。其次，它改变了原"西厢"故事的思想意蕴，变"始乱终弃"的故事结局为歌颂爱情、抨击封建礼教的赞歌。再次，它突出了张生与莺莺爱情的纯洁性和他们与老夫人之间的对立关系。因此，《西厢记诸宫调》与《莺莺传》相比较是一次极大的飞跃，它奠定了杂剧《西厢记》的坚实基础。当然，王实甫的《西厢记》又是一次创造性的发展，从而体现了他在"西厢"故事演变中的最高成就。

《西厢记》的故事梗概是崔莺莺与张生邂逅于普救寺而一见钟情。当地一贼将孙飞虎闻知莺莺美色，率五千人马兵围普救寺。张生在崔老夫人许婚的条件下，从中斡旋，最终解了普救寺的重围。当张生向崔老夫人问及他与莺莺的婚事时，老夫人却赖婚了。此后，崔莺莺和张生在丫环红娘的帮助下暗地里沟通，却又因为莺莺的怀疑恐惧而好事多磨，使张生卧病相思。莺莺得知张生的真情后忽然夜访，并果断地与张生同居。然而莺莺与张生的恋情很快败露，崔老夫人强加阻挠，但又不得不认可既成事实。老夫人以相府不招"白衣女婿"为由，催促张生进京赶考。后来，张生果然考中状元，与崔莺莺终于结为美满夫妻。

《西厢记》是中国古代戏曲中一部杰出的作品。它具有鲜明的反封建礼教、反封建婚姻制度的倾向。这个主题的普遍性、彻底性和深刻性是空前的。

《西厢记》中塑造的人物形象生动鲜明，具有典型特色。崔莺莺是一个追求婚姻自由、背叛封建礼教的典型的女性形象。她是一个聪明美丽的女子，一直被闭锁深闺。张生在她生活中的出现，激发了她对爱情的追求，以致以身相许，用自己对爱情的热烈行动来反抗压抑人性的封建礼教，终于获得了甜蜜的爱情和美满的婚姻。《西厢记》细致生动地描写了莺莺的不同侧面，写出了她性格发展的复杂曲折的过程，使人物形象极为丰满动人。张生是一个对爱情热烈真挚、执着专一的青年书生。为了爱情，他可以付出很多，甚至宁愿抛弃功名，废寝忘食，直至身染重病，最后如愿以偿，得到真爱。剧中的崔老夫人是一个封建礼教的维护者，而红娘是一个有正义感，又机智聪明，热情泼辣的女子。

《西厢记》的艺术结构恢宏庞大、严谨整饬。它在体制上不同于一般的元杂剧，突破了元代杂剧一本四折的固有体制，用五本二十折的庞大篇幅，把一个爱情故事演绎得波澜起伏，多姿多彩。它虽然有如此庞大的结构，折数较多，但能一气呵成，浑然一体，毫不松懈，不枝不蔓，关目清晰，结构严整，充分显示了《西厢记》结构艺术的成就。

《西厢记》的语言典雅而不呆板，清新而不流俗，既富有诗歌的韵味，亦不乏民间口语的灵活运用。总之，它的语言之美、诗意之浓，在中国古代戏曲史上是无与伦比的。

### 三、其他主要杂剧作家及代表作品

康进之，生平不详。他的《李逵负荆》是元代优秀的杂剧，共四折。第一折写两个暴徒假冒宋江、鲁智深之名抢夺民女，恰逢李逵下山听到这事；第二折写李逵责问宋江，大闹"聚义堂"，宋江辩白，李逵不信；第三折写酒店对质，真相大白；第四折写李逵向宋江负荆请罪，捉拿暴徒。全剧故事的展开紧凑严密，不枝不蔓，热情歌颂了梁山的英雄人物，塑造了李逵的形象，表现了李逵淳朴真诚、坦率豪爽、公平正直的性格特征，对后来《水浒传》的写作很有影响。

白朴《墙头马上》的故事来源于唐代白居易《井底引银瓶》的诗作。剧中通过李千金和裴少俊争取自由婚姻的故事，肯定了他们自由结合的合理性，表现了进步的民主思想。这部杂剧是白朴最成功的剧作。

马致远曾组织"元贞书会"，被推誉为"曲状元"。他作有杂剧剧

目十五种,现存七种。《汉宫秋》是他最著名的作品。这部名作写的是汉元帝的妃子王昭君出塞和番的故事。它以汉元帝对王昭君的思念为线索,反映了汉朝国势衰微、奸臣当道的现实,塑造了不惜为国献身的王昭君的形象。全剧色彩悲凉,感伤凄楚,所表现的离情别绪尤其扣人心弦。

郑光祖(生卒年不详),字德辉,是元代后期著名的杂剧家,《倩女离魂》是他的代表作。这部杂剧是根据唐代传奇小说《离魂记》改编的。故事说的是,张倩女和王文举从小订婚,自幼相爱。待他们长大后,张母逼王文举进京赶考,婚事暂时搁下。张倩女忧思成疾,其灵魂竟然离开躯体,追赶王文举,二人在路上结为夫妻,共同赴京赶考。家中张倩女的躯体却卧床不起,奄奄一息。王文举考中状元后,与张倩女一同回家,全家人都很惊异。等到他们夫妇回到家里,张倩女的灵魂又与躯体合在一起时,才真相大白。此剧富有浪漫主义色彩,表现了一个少女对爱情的执着追求,反映了普通百姓对讲究门当户对的封建婚姻观念的反抗情绪。

### 四、高明和《琵琶记》

高明(约1305—1359),字则诚,浙江温州人。他的《琵琶记》向来被推为"南戏之祖"。南戏是南曲戏文的简称,它最初流行于浙东沿海一带,称温州杂剧或永嘉杂剧,始于南宋。《赵贞女》、《王魁》等戏文奠定了南戏发展的基础,尤其是《赵贞女》戏文的出现,在中国戏曲史上具有划时代的意义。南戏的形式在元末明初逐步定型下来。一般先由副末开场,报告演唱宗旨和全剧大意。从第二出起,生旦等重要角色相继出场,逐步展开情节,并经过种种悲欢离合,以生旦团圆终场。南戏称一场为一出,每出按惯例有下场诗,重要人物上场时先唱引子,继以一段自我介绍的长白,叫做定场白。曲词的组织,一般有引子、过曲和尾声。

《琵琶记》这部作品是根据长期在民间流传的南戏《赵贞女》改编的。原来的故事框架是表现一个状元及第后不认前妻的负心汉形象和终于遭雷轰顶的因果报应结局。高明则改变了这个故事的基本情节和人物形象的主要特征。《琵琶记》的故事梗概是：蔡伯喈（jiē）在其父的迫促下上京考试，其妻赵五娘在家侍奉公婆；蔡在京得中状元并被迫招赘于牛相府；其妻及父母在家遭受饥荒，父母饿死，赵五娘求乞上京寻夫；最后得牛女之助，与蔡伯喈团聚，以一夫二妻的大团圆结束全剧。

《琵琶记》的思想内容是比较复杂的。它一方面表现了蔡伯喈一家由于客观因素导致的家庭悲剧；另一方面又宣扬了封建伦理，对封建统治留下了许多歌功颂德的笔墨。在艺术成就上，一是《琵琶记》塑造了一系列人物形象："全忠全孝"的蔡伯喈，"有贞有烈"的赵五娘，"施仁施义"的张广才等，在人物塑造上细腻、真实、生动；二是有一个双线对比的艺术结构，将蔡伯喈的生活与赵五娘的生活作为双线并峙的结构线索，这样，人物性格交叉表现，两地生活相互安排，较好地起到对比映衬的作用；三是戏曲语言极为工致。

除《琵琶记》外，"荆、刘、拜、杀"是四个元代南戏的合称，即《荆钗记》、《白兔记》（《刘知远》）、《拜月亭》、《杀狗记》，又称"古戏四大家"，对后世的戏曲创作有着深刻的影响。

**思考题**

1. 什么是元曲？
2. 简述元代散曲的分期及主要内容。
3. 《窦娥冤》的主要内容及艺术特点是什么？
4. 《西厢记》的主要内容及艺术特点是什么？
5. 简述《琵琶记》的内容和艺术特点。

# 第十二章 明清诗文

## 第一节 明代诗文

### 一、明前期诗文

明代初期诗文的代表作家是宋濂（lián）、刘基、高启。宋濂（1310—1381），字景濂，号潜溪，浦江（今属浙江）人。明太祖朱元璋称他为"开国文臣之首"，他受正统的儒家思想影响较深，主张"文以明道"，认为文章是载道的工具。因此，宋濂的散文多美化歌颂明初统治集团上层人物及表彰贞节妇女，内容上可取之处较少，但他文学修养很高，文章写得自然流畅，笔力雄健。正因为他的散文既恪守当时的道德规范，又具有较高的语言艺术，所以成为明初散文的典范。他的一些散文写出了自己真实的人生感受，如《王冕传》、《送东阳马生序》等，都刻画生动，人物栩栩如生。宋濂《送东阳马生序》描写他自己年轻时求学的经历和学习态度，文字中透露出回忆时的沉重而又略带自豪的心情，如话家常，循循善诱，亲切自然。文章又运用对比手法来叙事写人，使人物性格鲜明。文章动之以情，晓之以理，表达了对马生殷切的期望。

刘基（1311—1375），字伯温，青田（今属浙江）人。与宋濂一样，受到朱元璋的倚重，成为开国功臣之一。他为文的主张也在于"明道"。他的处世名作有《卖柑者言》、《郁离子》等寓言体散文，揭露时弊，长于讽谕。刘基《卖柑者言》是一篇精美的寓言体讽刺杂文小品，借卖柑小贩之口，揭露了元代那些官僚"金玉其外，败絮其中"的腐朽本质。此文构思精巧，小中见大，含义深刻。他的神话长诗《二鬼》，也为世人所称道。高启（1336—1374），字季迪，号青丘子，长洲（今江苏苏州）人。他是明代诗歌成就最高的诗人。高启的文学思想，主张取法于汉魏唐宋各代，所以他的诗歌风格多样，学什么像什么，兼古人之所长，又自出新意。如他的《明皇秉烛夜游图》，着力描写唐明皇沉湎酒色，忘怀国事，最终酿成安史之乱。全诗多从白居易《长恨歌》变化而来，但没有一语相袭，可见其诗歌艺术功力之深。

永乐（1403—1424）、成化（1465—1487）年间，诗坛上出现以"三杨"为代表的"台阁体"诗派。"三杨"即：杨士奇、杨荣、杨溥，他们都是台阁重臣。台阁主要指当时的内阁和翰林院，台阁体则指当时的台阁重臣所形成的一种诗歌风格，这些人所作的诗歌都是歌功颂德、粉饰太平的作品，其形式则是追求雍容华贵、典雅工丽，题材大都是应制、酬答和题赠，给人以枯燥乏味、平庸呆板的感觉。因为他们身居高位，影响很大，所以追随者很多，风靡一时。

与"台阁体"同时但风格迥异的是民族英雄于谦的作品。于谦（1398—1457），字廷益，钱塘（今浙江杭州）人。他为官清正，爱国忧民。他的咏物诗《石灰吟》："千锤万击出深山，烈火焚烧若等闲。粉骨碎身全不怕，要留清白在人间。"这首为人传诵的诗，正是他伟大人格的写照，也是激励人间正气的座右铭。

茶陵诗派是继台阁体之后明代前期的又一个诗歌流派，因代表诗人李东阳（1447—1516）是湖南茶陵人而得名。它形成并活跃于弘治（1488—1505）至正德（1506—1521）年间的诗坛。李东阳的成就最大，他的诗论着眼于形式，强调诗歌的体制、音节、声调、格律，忽视内容。因此，他写的大都是抒发封建士大夫情怀的应酬题赠诗作，缺乏现实内容，形式典雅工丽，诗歌视野比"三杨"开阔，但未能完全摆脱台阁体的弊端。

## 二、明中期诗文

明中叶以后，文坛上出现了许多文学小集团或文学流派，著名的有前七子、后七子、唐宋派、公安派、竟陵派等。它们或同时并起，或先后相承，各自利用一定的文学传统，提出一定的文学主张，表现一定的创作倾向，互相排斥，此起彼伏，直至明亡才告结束。

"前七子"复古运动出现在弘治、正德年间，以李梦阳（1472—1530）、何景明（1483—1521）为首，包括边贡、徐祯卿、康海、王九思、王廷相等七人。这些人反对粉饰太平、文风柔靡的台阁体，提出"文必秦汉，诗必盛唐"的主张，对扫除台阁体千篇一律、呆板单调的文风起到了一定的积极作用。前七子还把目光投向民间，认为"真诗乃在民间"。但是，他们把秦汉古文当范本，刻意模仿，从而滋长了文坛摹拟剽窃的风气，或以形式上的古奥艰深来掩盖内容的贫乏浅薄，扼杀了文学创新的能力。前七子中以李梦阳、何景明的诗文最有代表性。如李梦阳的《述愤》、《秋望》，何景明的《点兵行》、《岁晏行》等。

嘉靖（1522—1566）、万历（1573—1619）年间，在文学上又出现了以李攀龙（1514—1570）、王世贞（1526—1590）为代表的"后七子"，包括谢榛、宗臣、梁有誉、徐中行、吴国伦等七人，再一次发起古文运动。后七子的文学思想与前七子一脉相承，他们进一步主张"文必西汉，诗必盛唐，大历以后书勿读"（《明史·王世贞传》）。在这股复古主义文风的影响下，嘉靖时期的文坛上剽窃摹拟之风更为兴盛，他们重复着前七子的错误道路。

嘉靖初年，以王慎中、唐顺之、归有光、茅坤等为首的"唐宋派"出现在文坛，他们最早起来反对拟古文学运动，继承南宋以来推崇韩愈、柳宗元、欧阳修、曾巩等唐宋古文名家的传统，提出"文从字顺"的主张来矫正前后七子的创作弊病。由于他们崇尚唐宋古文，故世称"唐宋派"。这一派以复古的理论来反对复古，这是他们注定失败的主要原因。但他们在当时看到了拟古派给文学带来了危机，竭力反对文学复古，就这一点来说是进步的。归有光（1507—1571），字熙甫，昆山（今属江苏）人。他是唐宋派中成就最突出的一位作家。他的散文有自己的特点，能把生活中的琐事引进"载道"的古文中来，使古文密切地与生活相联系，因而写出了一些面目清新的作品，尤其是那些描写家庭琐事的作品，如《先妣事略》、《寒花葬志》、《项脊轩志》等。归有光的《项脊轩志》借"百年老屋"的几经兴废，回忆家庭琐事、琐谈，在描述中寄托深情，娓娓而谈，平易亲切，充满天伦人情，哀伤之感，如临其境，如见其人，具有动人心弦的艺术魅力。虽然归有光不能以重大题材来反映明代现实，但在复古派把持文坛的混浊气氛中，他却能以清新和富有真情实感的文字保持了散文健康的生命，因而奠定了他在文学史上杰出的地位。

李贽（1527—1602），号卓吾，又号宏甫，泉州晋江（今属福建）人。他是明代嘉靖、万历年间的思想家和文学批评家。他也竭力反对前后七子的文学复古主张，提出了"童心说"。李贽认为，所谓童心，也就是赤子之心和真情实感，是一种未被道学礼教所蒙蔽的内在情感。在他看来，只有具有童心的文学，才是真文学。他明确申言："天下之至文，未有不出于童心焉者也。"① 他的学说推动了明代文学和文学批评的健康发展。

### 三、明后期诗文

"公安派"是明代后期万历年间的一个文学流派。主要人物是袁宏道（1568—1610）字中郎、袁宗道（1560—1600）字伯修、袁中道（1570—1623）字小修。因"三袁"是湖北公安人，故得名"公安派"。公安派理论核心的口号是"独抒性灵"②。他们的文学理论主要体现在

---

① 李贽《童心说》。
② 袁宏道《叙小修诗》。

三个方面：一是认为文学的发展方向不在于"复古"，而在于"创新"；二是反对文学创作剽窃摹拟，矫饰虚假，强调文学创作要发抒自己的实际感受和独到见解；三是反对古奥艰涩、隐晦难懂的诗风，主张诗歌要意达辞畅。"公安派"在创作上的主要贡献是散文，他们的游记、随笔等，写景抒情，自然地表露了他们的个性特征。袁宏道的名篇《徐文长传》，写出了徐文长鲜明的个性特征，他与世异调，屡遭不幸，却永远不愿俯首向人，宁愿承担悲剧的命运。袁宏道借徐文长一生坎坷而痛苦的经历，抒发了这一时代敏感的文人对于个性难以舒张的共同苦闷。"公安派"对当时及以后的文学发展都有较深远的影响。

"竟陵派"是继"公安派"而起的一个诗文流派，其实两者在理论和实践上并无太大的差别，"竟陵派"只是力图纠正"公安派"末流的弊病。这一派的代表人物是钟惺（xīng，1574—1624）字伯敬、谭元春（1586—1637）字友夏，因为他们都是湖北竟陵人，因而得名。钟惺、谭元春曾经合力编选《诗归》，单行称《古诗归》、《唐诗归》。在《诗归序》和评点中，他们积极宣扬自己的文学主张，风行一时，竟陵派因此而成为影响很大的诗派。他们在理论上接受公安派提出的独抒"性灵"的口号，但也看到了公安派的流弊在于俚俗、浅露、轻率的一面，他们追求"幽深孤峭"的风格来纠正公安派的不足。提出"求古人真诗"，既学"古"，也学"真"，强调以自己的精神为主体去探求古人的精神所在，但他们过于追求自我意识，显示了一定的偏狭性。他们的诗偏重心理感觉，境界狭小，主观性太强，诗歌中的景象偏于寂寞荒寒，语言又生涩拗折，读来颇感幽塞不畅。

张岱（1597—1684），晚明小品文的代表作家，一名维城，字宗子，号石公、陶庵、碟庵、天孙、六休居士等，山阴（今浙江绍兴）人，侨居杭州。他出生仕宦之家，家道丰盈。张岱自幼聪颖，但无意仕进，喜好晚明社会流行的各种赏玩伎艺，恣意享受品味世俗生活。明亡后，他以追忆的方式写下了《陶庵梦忆》、《西湖梦寻》等作品。张岱的小品文写人、写景、写民俗，犹如一轴历史画卷，展现了晚明江南的社会生活和风土人情，蕴含着独到的见解、鲜活的思想和丰富的知识。他的散文既有诗的意蕴空灵，又有文的率真散诞，还有画的传神逼真，令人把玩回味，赞叹称绝。张岱在杭州生活了四十余年，对西湖风景掌故了然于心，但他的小品文纯粹写景的并不多，多数是把山水当作民俗风情的背景。他的名篇《西湖七月半》，不写西湖的湖光山色，而是工笔细描游湖之人："西湖七月半，一无可看，止可看看七月半之人。看七月半之人，以五类看之。"接着文中描写了五种看月之人，皆穷形尽相，各极其态，其心理刻画逼真传神。其后又写杭州人游湖，七月半一拥而来，又一呼而去。最后再写到"吾辈"的游湖活动。文章由各色人写到"吾辈"，由喧闹写到静谧，西湖七月半的世俗之情与高雅之趣和谐地共处一体，各得其致。张岱对民俗及民间文化艺术情有独钟，曾以极大的热情认同、欣赏、参与民间的文化活动，在他身上体现了雅俗文化的融合。

## 第二节 清代诗文

### 一、清前期诗文

清初诗坛有江左三大家：钱谦益、吴伟业、龚鼎孳。他们都由明入清，朝代的更迭，把他们推向进退维谷的特殊境地，他们一方面留恋旧朝，一方面又不得不为新朝服务，内心深处充满着矛盾。三人在诗风上有较大的差别，其中钱谦益和吴伟业的成就较高。

钱谦益（1582—1664），字受之，号牧斋，常熟（今属江苏）人。他在政治上的种种表现一直遭到人们的指责，但他在明末清初诗坛上的领袖地位并没有因此而改变。钱谦益编有广罗明代诗歌的《列朝诗集》，并在《小传》部分通过对各家的褒贬、评论阐发自己的诗歌

主张。他不仅重视唐诗,也重视宋诗,这与明代的其他人明显不同,由此开了清人宗宋的风气,成为明清诗歌变化的一大转折。他的诗将唐诗与宋诗的特点结合在一起,善于用典,富于词藻,具有鲜明的艺术特色。

吴伟业(1609—1672),字骏公,号梅村,太仓(今属江苏)人。他早期的诗歌显得较为清丽,而在明末清初的社会大动荡中,他写的诗歌多以重大历史事件为背景,更多地关心具体个人在历史中的命运,如著名的《圆圆曲》,通过名妓陈圆圆与吴三桂的悲欢离合,描写吴三桂降清导致明朝灭亡的重大历史事件,将风情万种的儿女私情与波谲云诡的重大政治事件结合在一起。诗中对陈圆圆曲折坎坷的经历充满了同情。"恸哭六军俱缟素,冲冠一怒为红颜",对吴三桂虽有婉曲的嘲讽,却又带有颇多的同情。像《圆圆曲》这样的诗,用七言歌行写成,兼具初唐四杰和白居易诗歌的神韵,深情婉转,韵味悠扬。除《圆圆曲》外,他还写有《永和宫词》、《琵琶行》、《雁门尚书行》等七言歌行,一直被世人传诵。七言歌行在唐代以后,吴伟业可以称得上是一位大家。

在清初诗坛上,"南施北宋"也是有影响的诗人。"南施",指施闰章(1618—1683),字尚白,号愚山,宣城(今属安徽)人。施闰章的部分诗作写于山河破碎,生灵涂炭的战后,因此对百姓的疾苦感触至深,诗中的诚挚同情溢于言表。他还写有工于写景的诗。这些诗作自然流畅,绘声绘色,景象万千,颇具盛唐王维、孟浩然的风度。"北宋",指宋琬(1614—1673),字玉叔,号荔裳,莱阳(今属山东)人。宋琬一生坎坷,连遭大难,写下的诗歌多反映被逮捕、被关押的生平遭遇,其感慨时世和悲苦怨懑之词充斥诗篇。他五七言古体写得非同一般,篇幅严密,醇雅凝练,格调苍茫,时现凄清豪健之语。

王士禛(1634—1711),字贻上,号阮亭,别号渔洋山人,山东新城(今桓台县)人。他在清初诗人中最著名。他论诗以"神韵"为宗,大抵出于南宋严羽"妙悟"、"兴趣"之说，而以"不着一字，尽得风流"为诗的最高境界。王士禛的"神韵说"拉开了诗歌与现实，特别是与政治的距离，而以韵味悠长、超然淡远的诗迎合了乱后人们消解历史伤痛的心理，也得到了统治者的欣赏。他早年的成名之作《秋柳》四首就表现出意旨朦胧，情境悠远的特点，而《秦淮杂诗》二十首更是得到人们的竞相传写。

### 二、清中期诗文

清代中叶诗坛的著名诗人有沈德潜、翁方纲和袁枚等人。

沈德潜（1673—1769），字确士，号归愚，长洲（今苏州）人。他论诗标榜"格调说"。所谓"格"，指诗歌体制上的合乎规格；所谓"调"，指诗歌的声调音律。沈德潜的"格调说"推崇唐诗，重视体制格调，决定了他在诗歌风格上尊崇雄豪壮阔的境界。他对王士禛"神韵说"提倡的清远冲淡的诗风很是不满，而对杜甫的"宏才卓识，盛气大力"给予高度称赞。他认为在作诗的态度上，必须"一归于温柔敦厚"，"怨而不怒"；在作诗方法上，必须讲究比兴、"蕴蓄"，不能"发露"。

翁方纲（1733—1818），字正三，号覃溪，大兴（今属北京）人。他论诗主"肌理说"，宗法宋诗，强调写诗重在读书，有学问，有方法。翁方纲的"肌理说"对矫正"神韵说"的虚渺、"格调说"的空套有一定的意义，但过分强调学问在创作中的作用，忽视作家的才情和活生生的生活，也使他的诗论大打折扣。

袁枚（1716—1797），字子才，号简斋，又号随园先生，浙江钱塘（今杭州）人。他论诗主"性灵说"，"性"即性情、情感，"灵"即灵思、灵趣。他主张作诗要有真性情，要有个性和诗才。"性情"是诗的根本，"性情以外本无诗"[①]；性情要表现出诗人独特的个

---

[①] 袁枚《寄怀钱屿沙方伯予告归里》。

性，作诗不可无我；诗人必须有才，"诗人无才，不能役典籍，运心灵"①。袁枚的诗歌创作也有显著的特色，创作了许多真实动人、灵趣盎然、清新活泼的性灵诗，不仅是当时诗坛的异军别派，也对近现代诗歌的新变产生了影响。《黄生借书说》是袁枚的散文名篇，它解说了"书非借不能读"的道理，即借书须还，有一种紧迫感，能促使自己抓紧时间专心读书。

袁枚

### 三、桐城派古文

桐城派古文是清中叶最著名的一个散文流派，创始人是方苞，继承发展者众多，但影响最大的作家主要有刘大櫆（kuí）、姚鼐（nài），他们三位都是安徽桐城人，"桐城派"因此得名。桐城派古文理论是与清中叶的统治思想相适应的。他们强调"义法"或"义理"，强调义理和文章的统一，特别强调文章的一套形式技巧。在写作实践上，桐城派古文有自己的特点。他们选取事例和运用语言，只期阐明中心思想或基本观点，不重罗列材料，堆砌文字。他们的文章风貌一般简洁平淡，而鲜明生动不足。桐城派在清代文坛上影响极大。时间从康熙时一直绵延至清末；地域上也超越桐城，遍及全国。

方苞（1668—1749），字凤九，号灵皋（gāo），又号望溪，安庆桐

---

① 袁枚《蒋心余藏园诗序》。

城（今属安徽）人。他论文强调"义法"，"义"指文章的内容，"法"指文章的形式技巧。方苞所强调的"义"，源自于儒家经典，因而他的主张适合清朝巩固思想统治的需要，流行于世便顺理成章。他在形式技巧方面提出文章要"雅洁"，为古文建立严格统一的规范格式。他的"义法"之说因此成为桐城派写作文章的纲领。方苞的代表作《左忠毅公逸事》描写了左光斗以国事为重，公而忘私、奋不顾身的精神风貌。全文把几件逸事贯穿在一起，以小见大，选材、剪裁、布置都恰到好处。另一篇名作《狱中杂记》则反映了封建司法制度的黑暗、地方吏治的黑幕及民生疾苦，较有现实意义。总之，方苞的文章感情不够充沛，气魄不够宏大。

刘大櫆（1689—1779），字才甫，一字耕南，号海峰，也是桐城人。他拜方苞为师，又被姚鼐所推崇，在桐城派中起着承前启后的作用。他的《论文偶记》一书，在方苞"义法"论的基础上，进一步探求文章的艺术形式问题。他对"义"和"法"的关系，以及运用"法"的途径做了比较具体的分析，丰富了桐城派的古文理论。刘大櫆的散文创作比较喜欢铺张排比，讲究辞藻，气势颇盛，胜过方苞、姚鼐，而雅洁淡远则不如他们。《观化》、《息争》等文章可代表他的风格。他的《黄山记》、《游浮山记》两篇文章，以刻画景物的详细和篇幅宏大取胜，也有其鲜明的特色。

姚鼐（1731—1815），字姬传，室名惜抱轩，人称惜抱先生，是方苞、刘大櫆的同乡。他继承方苞、刘大櫆的古文之学，成为桐城派散文的集大成者。姚鼐总结方苞、刘大櫆的文论，提倡"义理、考证、文章"的合一。他总结文章的"神理气味"、"格律声色"是八大艺术要素，并指出精粗之别："神、理、气、味者，文之精也；格、律、声、色者，文之粗也。""神理气味"近于虚，是内在的要素，比较抽象；"格律声色"近于实，是外在的要素，比较具体。精者与粗者相比，处在较高的审美层次上，但又必须通过粗者才能显示出来。他又将散文风格高度概

括为阳刚之美与阴柔之美两大类,认为它们都是文章所需要的,不可偏废。姚鼐的散文创作,与欧阳修、曾巩的文章相近,在桐城派古文家中以情韵胜出。《李斯论》、《复鲁絜非书》等可以领略他文章的风格。《登泰山记》、《游灵岩记》等散文写景生动细致,文采飞扬,成为脍炙人口的作品。

### 四、清后期诗文

清朝后期,中国社会进入重要的转型时期,也就是历史上的近代时期。封建社会随着西方列强的侵入而摇摇欲坠,国内各种社会矛盾迅速激化,统治阶级内部也在发生复杂的分化,经世致用的思潮波涛汹涌,西学随着武力的入侵开始输入中国,传统文学虽然在根本上没有被改变,但新思潮的汹涌澎湃震荡着传统文坛,渐渐露出新的端倪。龚自珍、魏源、黄遵宪、梁启超等就是站在时代前列的杰出人物。

龚自珍(1792—1841)字璱(sè)人,号定盦(ān),浙江仁和(今杭州市)人,是近代杰出的思想家、文学家。他自幼接受良好的传统文化教育,才思过人,胸怀远大。他生活的时代,正是封建社会急剧衰朽解体、沦为半殖民地半封建社会的开始,西方列强的入侵,国内矛盾的加剧,现实世界危机四起。龚自珍在当时经世致用思潮的兴起中站在时代的前列,强烈要求实行变革、自新图强。他也追求个性解放,思想自由,要求人格独立,肯定主体的自我价值。他文学主张的核心是"尊情"。在他看来,"民饮食,则生其情矣,情则生其文矣"[1],感情是人人都具有的,有感情才会产生文学,文学就是要用于表现自我感情的。龚自珍的"尊情"主张,上承李贽的"童心说"、袁枚的"性灵说",又让一己之情怀与艰难之时局两相撞击,危机感和使命感陡生,使其创作眼界开阔、情感丰沛,洋溢着鲜明的个性特点与时代气息。

---

[1] 龚自珍《五经大义终始论》。

龚自珍的诗文创作，是走向近代文学的新篇章。他的诗作，抒情、政论和艺术形象有机地统一在一起，具有丰富奇异的想象和艺术形象，且形式多样，风格多样，语言清新多彩，不拘一格。他的《己亥杂诗·九州生气恃风雷》原是一首应道士请求而作的祭神诗，诗人借题发挥，以"我劝天公重抖擞，不拘一格降人才"，大声疾呼让各种优秀人才脱颖而出，寄托了诗人对当时黑暗沉闷现实的强烈不满。龚自珍的散文更为著名，他直率地抒发真情实感和真知灼见，与唐宋散文和桐城派古文有很大的区别，开经世致用散文的新风。他的《病梅馆记》集中体现了他追求个性解放的思想，融叙述、议论、抒情于一体，通过植梅的生活琐事，揭露了病态社会使人才不能得到健康自然的生长，反映了作者在专制主义的压抑和束缚之下要求挣脱枷锁、追求自由发展的强烈愿望。文章构思新颖，意味深长。

魏源（1749—1857），原名远达，字墨深，又字汉士，湖南邵阳人。他所编的《海国图志》，记述了世界各国的地理、历史、经济、政治、军事和科学技术，乃至宗教、文化等情况，并附有世界地图、各大洲地图和分国地图等。书中提出的"师夷长技以制夷"的观点，旨在唤起国人，学习外国的长技，兴利除弊，增强国力，抵抗外来侵略。他的文学主张是实用，提出"文之用，源于道德而委于政事"[①]。因此忧国忧民是魏源政治诗的主题。他"效白香山体"而作的《江南吟》十首、《都中吟》十三首以及《古乐府行路难》等组诗，涉及当时的种种弊病，强烈要求变革。鸦片战争后，魏源的诗更是反映了战争中国家危急的形势，堪称"史诗"。魏源的政治诗直抒胸臆，诗体也比较解放，不过诗中用典与议论偏多，有时直书其事，未免削弱了诗的意象与美感。

黄遵宪（1848—1905），字公度，人境庐主人，广东嘉应（今广东梅州市）人。他是中国早期卓越的外交官，也是维新变法运动的活动

---

① 魏源《墨觚上·学篇二》。

家,更是诗界革命的旗帜。黄遵宪不以诗人自居,用他自己的话说是"余事作诗人"。但是他在诗歌创作方面有很高的成就。尤其是在诗界革命中,他不仅在理论方面对诗歌的革新进行了可贵的探讨,还创作了大量的新诗,成为诗界革命的一面旗帜。黄遵宪的诗歌有《人境庐诗草》、《人境庐集外诗辑》、《日本杂事诗》,共一千余首。黄遵宪生逢"千古奇变"的近代社会,当过十几年的外交官,阅历丰富,见多识广,写诗不受内容形式的限制。他的诗开辟了中国诗歌史上从未有过的广阔领域。他的诗歌或记录列强侵略中国的历史,或批判陈腐事物,主张变革图强,或反映域外奇异风物。黄遵宪在创作上勇于推陈出新,既借鉴古人成果,又从民歌中汲取养分。他的诗歌形象鲜明,用典贴切,词汇丰富,才思横溢。在今天看来,虽然他的一些诗歌写得比较幼稚,但毕竟改变了唐宋以后诗歌创作沉迷于拟古的老方法,更新了诗歌意象,开始了由旧体诗向新体诗的过渡。

梁启超(1873—1929),字卓如,号任公,别署饮冰室主人,广东新会人。他是近代卓越的政治家、宣传家。他的贡献,首先表现在利用极富感染力的散文输入西方资产阶级思想文化,对当时的政治启蒙运动具有重要意义。其次,他用西方资产阶级的观点方法研究中国文学,传播新的文学价值观和新的文学理论,提出"诗界革命"、"文界革命"、"小说界革命"、"戏剧改良"等口号,成为近代文学革新的主将。梁启超在近代文学革新运动中创作了不少新体散文、新诗、新小说。其中,成就最为突出的是创造了被他称为"新文体"的新体散文。梁启超的新体散文大都是政论文,其特点是以文学的笔调议政,有较浓厚的文艺性。他的《少年中国说》就是一篇与时局联系极为紧密的新体散文。这篇散文反对列强称中国为老大帝国,愤怒谴责那些"老后、老臣、老将、老吏"使国家日趋没落的罪行,激励青年为改革社会、光复中华而发愤图强,建立光辉灿烂、生机勃勃的少年中国。在创作模式上,新体散文突破了旧文体,不再受古人义法的束缚。例如《少年中国说》中描绘少年中国前景时,作者以韵散结合的语言,排比的句式,各种各样的比喻大加涂抹,新世界之美妙,鼓舞人心,心向往之。文章感情激越,气势磅薄,充满了乐观进取的精神,极富理想色彩。新体散文的语言,文白结合,骈散相间,句法多变,读来音调铿锵有力,颇具音韵美和整齐美,可从《少年中国说》一文观之。梁启超的新体散文,开启了一代新文风,并以其新颖的思想和惊人的艺术魅力风靡当时的整个文坛。

思考题

1. 明代诗歌的总体倾向是什么?
2. 谈谈晚明的小品文。
3. 桐城派散文的特点是什么?
4. 为什么说近代散文面目一新?

# 第十三章 明清小说

## 第一节　中国小说的起源和发展

　　中国古代小说，如同中国古代诗歌、散文和戏曲一样，有着悠久的历史、优秀的传统和丰富的遗产。"小说"一词，最早见于《庄子·外物篇》："饰小说以干县令，其于大达亦远矣。"这句话的意思是说，修饰琐言碎语去求得高名美誉，与治国安邦的大道理相比，那差得远了。这里的"小说"仅指没有价值的琐碎言谈，与文体没有关系。班固的《汉书·艺文志》中，辑录小说家书十五种，共1390篇。关于这些故事的来源，班固认为："小说家者流，盖出于稗官。街谈巷语，道听途说者之所造也。"这一概念与我们现在所说的小说大体上一致，有了文体的意义。《汉书·艺文志》中辑录的"小说家书"，现在已经看不到了。这些小说可能比较接近杂记野史,并带有一些神话传说的成分。可以这样说，先秦和两汉时期，小说还未成为独立的文体，多包容在神话传说、寓言故事、散文记事、人物史传之中，而中国古代的神话传说，可以说是后世小说的最初渊源。

　　到了魏晋南北朝时期，小说突破了先秦两汉的酝酿、萌芽阶段，集中出现了一批专门谈论神异灵怪和人物佚事的作品，中国小说才渐趋成熟，出现了第一个创作高潮。这个时期的小说，按照内容可以分为志怪小说和志人小说两大类。志怪小说的兴起，是由于这个历史时期社会极不安定，战乱不断，人们朝不保夕，于是产生了生命无常之感。加之当时宗教兴盛，儒学衰微，人们寄希望于迷信，使得神仙鬼怪故事大量产生。其中，成就最显著的作品就是干宝（？—336）的《搜神记》。这个时期还盛行崇尚清谈，品评人物的风气，于是，记录所谓名人雅士言行举止的作品便应运而生。这类志人小说多是文人的作品，所记述的也多是士林人物的言谈、风尚、琐闻、佚事。这类小说在艺术上也多有独到之处，作者们善于抓住典型，突出表现典型形象，作品的语言大多比较简练，形象鲜明，比喻精妙，富有美感，能给人留下深刻的印象。其中影响最大的是刘义庆（403—444）所编的《世说新语》。

中国小说发展到唐代，进入了一个崭新的阶段。正如鲁迅先生在《中国小说史略》中所说的那样："小说亦如诗，至唐代而一变，虽尚不离于搜奇记逸，然叙述婉转，文辞华艳，与六朝之粗陈梗概者较，演进之迹甚明，而尤显者乃在是时则始有意为小说。"可以这样说，唐代以前的小说，都不能说是完整的小说，而在前代小说基础上发展起来的唐传奇，才形成"小说"这一文学体裁。唐传奇无论在创作题材、体制结构，还是在形象塑造、情节提炼等方面，都有创新，有贡献，对后世小说创作的影响极其广泛深远。

宋元话本小说继承了前代小说艺术的优良传统，并有所革新与创造。它显示了中国古代小说发展的一种新趋势，在小说艺术上创造出了新的成绩，是中国古代小说发展里程上的一个重要阶段。"话本"，是"说话"（讲故事）艺人们的讲稿，是城市经济发展后市民文化的产物。宋元话本的语言基本上是当时的口语，通俗流畅，结构方面则发展了变文讲唱兼行的特点，此外，加上疏密相间的结构，曲折生动的情节，从而确立了中国白话小说的基础。

明清小说的成熟与繁荣，是以众多的优秀作品所达到的成就为标志的，同时也取决于小说体裁、内容等方面的多样性。从体裁上看，章回体小说是长篇白话小说的主要形式。所谓章回体，即是把复杂的

故事分为若干段落,每个段落称为一回,每回都有回目概括本回的主要内容。每回开头多用"话说"、"且说"等字样,末尾又多用"且听下回分解"作结。此外,还有短篇白话小说及短篇文言小说等体裁。从内容上看,明清小说又可分为历史、神魔、世情、讽刺、侠义、公案等多种。

## 第二节　明代小说

### 一、《三国演义》

《三国演义》是长篇历史小说,共一百二十回,作者罗贯中。这部小说所描绘的三国故事很早就流传于民间,罗贯中大量采录话本、戏剧、民间传说的内容,再充分运用《三国志》和裴松之(372—451)的注以及其他一些史籍所提供的材料,以杰出的创作才能,写就了这部流传千古的历史小说。书中凡涉及的重要历史事件,均与史实相符,而在细节之处虚构较多,形成"七分实事,三分虚假"的特色。小说取材于东汉末年和魏、蜀、吴三国的历史,从黄巾农民大起义开始,

罗贯中

一直写到晋武帝统一中国,差不多整整一个世纪。罗贯中的《三国演义》问世后,新刊本大量涌现,不断有人增删文字,整理卷数和回目。清

朝康熙年间，毛纶、毛宗岗父子对罗贯中的《三国演义》作了一些修改，他们辨正史实，增删文字及小故事，更换论赞，改回目为对偶，从而形成现在通行的《三国演义》本。

《三国演义》的主题思想，历来众说纷纭，莫衷一是。有"反映三国兴亡说"，有从伦理思想出发提出"忠义说"，有从作者思想倾向而论的"拥刘反曹说"，还有"讴歌贤相圣君说"、"军事战争说"、"历史分合说"等，分歧很大，难以一致。但不管怎么说，小说通过对三国时代各方的种种描写，揭示了当时社会的黑暗和腐朽，谴责了统治者的残暴和丑恶，反映了人民在动乱时代的灾难和痛苦，也表现了他们对统治集团的爱憎和向背，以及他们反对战争分裂，要求和平统一的愿望。

《三国演义》的艺术成就，一是体现在塑造了一批性格鲜明、影响深远的人物形象上。小说中所写的历史人物带有截然分明的道德评判。曹操和刘备两个历史人物，前者是奸诈的典型，后者是明君的典型。小说第一回就写曹操在其叔父和父亲面前的不同表现这一典型性细节，刻画了他奸诈、善权谋的性格。小说中描绘他奸诈、无情、残忍性格的地方还有很多。实际上，曹操善于使用人才，长于用兵，精于治国，有很多优点。相反，刘备宽厚爱民，仁德用贤，爱护部属，善于纳谏、自责，简直就是一个明君。在谋臣武将中，诸葛亮是一个忠贞、豁达、智慧、廉正的古代贤相；关羽勇武忠义，张飞勇猛暴烈，周瑜聪明自信和气量狭小，各有特点。二是它的艺术结构，既宏伟壮阔，又不失严密和精巧。小说以蜀汉为中心，抓住三国间矛盾的主线，井然有序地展开故事情节，既曲折变化，又前后贯串，宾主照应，脉络分明，构成了一个基本完美的艺术整体。三是善于通过错综复杂的故事情节，巧妙地表现各个集团之间及集团内部的种种复杂、尖锐的矛盾，尤其善于描写各种战争。四是它的语言文白间杂，即"文不甚深，言不甚俗"，雅俗共赏，具有简洁、明快而又生动的特点。

## 二、《水浒传》

《水浒传》是一部英雄传奇小说。此书是在北宋末年一直到元末明初二百五十年间人民集体创作的基础上，经过许多作家不断整理加工而成的，一般认为最后的整理创作是由施耐庵完成的。水浒故事并不全属虚构，关于宋江等人的事迹，史书上有过简略的记载。宋江的起义军确实曾经活跃过一时，并且在民间产生过较大的影响。值得注意的是，宋遗民龚圣与作的《宋江三十六人赞》并序，证实当时流传着宋江的故事，并有李嵩那样著名的画家为之描画。几乎与之同时，无名氏的《大宋宣和遗事》也记述

施耐庵

了三十六人的事迹，主要情节有"杨志卖刀"、"劫生辰纲"和"杀惜聚义"，成为后来《水浒传》宏伟结构的主体框架。水浒故事在元代继续发展，钟嗣成《录鬼簿》等戏曲论著记载了二十五种水浒题材的剧目。《水浒传》有繁本、简本之分。繁本文繁事简，简本文简事繁。清人金人瑞（圣叹）取繁本前七十一回加以润改，将第一回移作楔子，成七十回本。

《水浒传》描写了北宋末年宋江领导的一场农民起义从发生、发展直至失败的全过程，深刻地挖掘了起义的社会根源，肯定了农民起义的正义性。同时，小说也具体地写出了这次起义失败的原因。

《水浒传》的艺术成就，一是塑造了众多英雄人物。小说中人物众

多，但各个人物都有自己的身份、经历，因而他们都有自己鲜明的个性特征。宋江，是梁山泊上第一号人物，带有鲜明的个性特征。他的社会地位不高，但他仗义疏财，扶危济困，结交英雄豪杰，在江湖上被尊称为"呼保义"、"及时雨"。宋江作为领袖人物，具有一定的政治、军事才能。他胸怀大志，终于成为叱咤风云的草莽英雄。但他对朝廷有幻想，指望封妻荫子、青史留名，终于接受招安，落得被毒死的结局。其他如林冲的刚烈正直，鲁智深的嫉恶如仇、暴烈如火，武松的勇武豪爽，李逵的纯朴天真、憨直鲁莽，阮小二的老成持重，阮小五的精明强悍，阮小七的急躁冒失、性如烈火，无不栩栩如生，使人过目不忘。二是结构完整，又富于变化。它以单个英雄故事为主体，上一个人物故事结束时，由事件和场景的转换牵出另一个主人公，因人生事，开始下一个故事。此故事与彼故事并不严格按时间顺序排列，只靠内在思想意义的联系。它们像一个个环，环环相扣，连成一个整体。可以这样说，全书大故事中套小故事，长篇中孕含短篇。三是故事情节生动曲折，引人入胜。通常在展现一个人物时，安排一组组扣人心弦的情节，塑造出这个人物的性格特征。四是它在语言上的成就是突出的，口语化的特点明显。具体表现在：语言明快、洗练，叙事写人往往寥寥几笔就达到绘声绘色，形神毕肖的地步；语言生动、准确、富有表现力；人物语言个性化。

《水浒传》是中国白话长篇小说的杰作，它的作者以很高的文化修养，驾驭流利纯熟的白话来刻画人物形象，描述各种场景，真正达到了"绘声绘色，维妙维肖"的八字要求，其效果是文言小说所不可能达到的，其意义是极为深远的。

### 三、《西游记》

《西游记》是明代著名的长篇神魔小说，共一百回，作者吴承恩。《西游记》的成书酝酿了七百多年，故事起源于唐代僧人玄奘（zàng）只

身赴天竺（zhú，今印度）取佛经这一真实事件。玄奘回国后，曾奉皇帝命令口述沿途见闻，后由其门徒辑录成《大唐西域记》一书。此后，佛教徒为了扩大影响而对取经故事着力渲染，使之日益神奇。宋元时代，说话中出现了讲经门类，《大唐三藏取经诗话》就是说经的产物。到了元代，西游取经的故事基本定型，人物已经确定，出现了沙和尚和一个猪精，唐僧也和传说中的"江流儿"融合为一。它的基本结构也已

吴承恩

奠定，即前十三回的出身经历和取经缘起，后八十七回取经路上的种种磨难。从《永乐大典》等书来看，当时已有一本平话《西游记》，基本故事情节和吴承恩的《西游记》大体相同。长篇小说《西游记》正是在上述民间流传的唐代高僧玄奘去西天取经故事的基础上，经过吴承恩的再创作而成。

《西游记》全书由三部分内容组成。前七回叙述孙悟空出世，大闹天宫的故事；八至十二回写玄奘的来历和取经缘起；十三回至全书末是取经正文，主要写悟空保护唐僧西天取经，历经磨难，降妖伏魔的故事。

《西游记》用幻想的形式反映社会，不仅闪耀着浪漫主义的光芒，而且具有强烈的现实意义。作者把瑰丽的幻想和丰富的现实内容融为一体，作品中的天宫正是人间社会在天上的投影。孙悟空渴望自由、不畏强暴的反抗精神，正是现实社会中广大人民的斗争意志和生活理

想的艺术概括。

　　《西游记》艺术上取得的成就是多方面的。一是人物塑造上，作者赋予形象以人、兽、神融为一体的特性。如孙悟空，既具备猴子的形态及特性：活泼、灵活、好动，又具备人的特性：思想、智慧、谋略，同时又有神的特性：七十二变、上天入地、腾云驾雾，因而这个人物有他的象征意义。孙悟空酷爱自由，勇于反抗，体现了下层人民的共同愿望。又如猪八戒，除动物性以外，他粗鲁憨厚，作战勇敢，常常挥舞钉耙上阵，虽然屡遭妖魔擒拿，却从不低头屈服；他又有贪财好色的毛病；在困难面前，常萌生退志；还爱耍小聪明，编谎话蒙人，但又经常露馅丢丑。这个喜剧人物留给人的印象鲜明深刻而又真实可信。二是小说运用浪漫主义的创作方法，想象丰富，情节曲折，其故事紧张离奇，变幻莫测，妙趣横生，充满了浪漫主义的奇思妙想。三是在结构上，小说以取经人物的活动为中心，逐次展开情节。无论是某段故事之内，还是各段故事之间，都经纬分明，表现出作者在结构组织上的匠心。四是通过人物心理的刻画，使形象活灵活现。猪八戒形象之生动传神，正得力于这一艺术手法。五是小说的语言幽默诙谐，生动有趣，往往三言两语，涉笔成趣，取得了良好的艺术效果。

　　《西游记》由于具有绚丽的幻想，塑造了众多神奇的人物，于是一经问世，就深受人们，尤其是青少年读者的喜爱。《西游记》在中国小说史上别具一格，占有重要的地位。

### 四、《金瓶梅》

　　《金瓶梅》是中国第一部由文人独立创作的长篇小说，又是第一部以家庭为题材的长篇小说。作者署名兰陵笑笑生，但真实姓名是什么，长期以来一直悬而未决。《金瓶梅》共一百回，其书名由书中主人公西门庆的姬妾潘金莲、李瓶儿、春梅的名字组成。这部小说借用《水浒传》西门庆与潘金莲的故事演化而来，写潘金莲未被武松杀死，却嫁

给西门庆为妾。接下来的故事便以西门庆的家庭为背景，描写西门庆家庭内发生的一系列事件，以及西门庆与社会上各色人物的交往。在家中，西门庆妻妾成群，却还不断地寻花问柳，嫖娼宿妓。在社会上，西门庆买通官府，勾结地痞恶棍，横行乡里，无恶不作。西门庆最终纵欲暴亡，家庭破败，众妻妾作鸟兽散。

《金瓶梅》是一部具有深刻思想内容的现实主义小说。它通过西门庆这一典型人物的活动，为读者展示了一幅上自朝廷权贵，中有官僚劣绅，下至市井无赖、帮闲的广阔的社会生活画面。作者的笔墨触及到明代后期社会生活的众多方面，从政治到经济，从道德风尚到伦理关系，对明中叶以后社会的黑暗、封建统治阶级的丑恶、腐朽本质作了较全面的暴露，深刻地反映了当时的社会现实，是明代后期社会的一面镜子。

《金瓶梅》的艺术成就也是很高的。首先，小说的结构宏伟而又细密。其结构是以书中的主要人物和事件发展中的主要矛盾为中心，分出阶段，依次安排。全书结构完整严密，情节波澜起伏、疏密相间，已经具备了长篇小说的完整体式。其次，小说对人物形象的塑造十分成功，人物性格复杂而又鲜明。作者在书中善于根据各人的身份、地位，展现各自的性格特点。西门庆身兼几重身份，他手眼通天，作恶多端，"害死人还看出殡"。潘金莲生性淫荡泼辣，阴毒狡诈。她先与西门庆通奸，害死丈夫武大郎，嫁给西门庆做妾后又与西门庆的女婿、王婆的儿子通奸，气死李瓶儿，逼迫仆妇自尽，活现了她淫荡、泼辣、嫉妒好胜的性格特点。李瓶儿的性格中，凶狠与软弱并存。春梅也是一个淫妇。另外，如寡廉鲜耻、趋炎附势的帮闲应伯爵，吃喝嫖赌、无所不为的纨绔子弟陈经济等人物，无不栩栩如生。再次，小说擅长用生动活泼的口语描写人物性格和事件，语言酣畅、泼辣。小说中人物的语言很个性化，相当成功。小说还运用了不少俗谚、成语、歇后语，都非常形象生动，富有表现力。

## 五、明代其他著名长篇小说

除前述的四部著名长篇小说外，明代还有其他的长篇小说，内容不外乎历史演义、英雄传奇和神魔小说等方面。

在历史演义方面，明中叶后，共有二十余部，从远古至明代，几乎每朝历史都有通俗的演义。这些小说主要是受《三国演义》的影响，但成就不大，其中较好的有代表性的是列国题材的作品。《列国志传》，作者余劭（shào）鱼，写于嘉靖、隆庆年间，讲述春秋战国历史故事。后来冯梦龙在此基础上吸收其他材料加以改编，易名《新列国志》，共一百零八回。这部小说，文字通畅，能把春秋战国纷繁复杂的历史编排得有条不紊，有些故事还写得有声有色。清朝乾隆年间蔡元放又在冯梦龙的基础上再次加工，这就是最流行的《东周列国志》。

在英雄传奇小说方面，影响较大的是《北宋志传》，作者熊大木。他还写有其他这类小说，对英雄传奇小说的发展起过重要作用。《北宋志传》把自南宋以来流传的杨家将故事定型化，为故事的再创作保存了丰富的材料。此外，较好的英雄传奇小说还有吉衣主人的《隋史遗文》和无名氏的《英烈传》等。

在神魔小说方面，随着西游记的出现，这类小说的创作风靡一时，如《四游记》[①]中余象斗编的《南游记》、罗懋（mào）登的《三宝太监下西洋》和董说的《西游补》。这类小说中比较好的是隆庆、万历年间的《封神演义》。这部小说共一百回，是由锺山逸叟许仲琳编辑的。作品以宋元讲史话本《武王伐纣平话》为基础，加上虚构的内容，演绎成了长篇的神魔小说。它一面借武王伐纣的历史事件托古讽今，曲折地反映了社会现实，另一方面通过神魔斗法，宣扬了宿命论和"三教合一"的思想。在艺术方面，它塑造了几个具有个性的人物形象。如哪吒（nézhā）

---

[①]《四游记》是明代万历年间出现的四种神魔小说的合称，包括《东游记》、《西游记》、《南游记》、《北游记》。

的纯朴和反抗，杨戬（jiǎn）的勇敢和机谋，妲己的狡猾和残忍，以及申公豹的挑拨离间、倒行逆施，都给人留下了很深的印象。

### 六、白话短篇小说"三言"和"二拍"

话本在明代因很受欢迎，书商大量刊行，逐渐引起文人的注意。他们由对话本的编辑、加工，进而模拟话本写作，这就出现了主要供案头阅读的文人模拟的话本，通常称为拟话本。其中冯梦龙编的《喻世明言》、《警世通言》、《醒世恒言》三部短篇小说集，简称"三言"；凌濛初写成的《初刻拍案惊奇》、《二刻拍案惊奇》两个拟话本集子，简称"二拍"。"三言"和"二拍"代表了明代拟话本的成就。

1. "三言"

冯梦龙（1574—1646），字犹龙，别号墨憨子，长洲（今江苏苏州）人。他的"三言"中，每个短篇小说集各四十篇，共一百二十篇，其中明代拟话本约有七八十篇。其主要的内容是通过动人的爱情故事，描写了被压迫妇女追求幸福生活的愿望，抨击了封建制度对妇女的压迫。《警世通言》中的《杜十娘怒沉百宝箱》是其中最优秀的一篇。小说塑造了杜十娘这个富有个性特征的人物形象。她原本京城名妓，结识李甲并一旦相信他的爱情后，她迫切要求从良，终于设法跳出了火坑，跟李甲回家。可在路途中，李甲竟在金钱引诱和个人利害的考虑下，把她出卖给富商孙富。杜十娘见李甲如此负情，在痛骂李甲后，把百宝箱中的珍宝一件件投入江中，最后自己也投入江中，用自己的青春和生命控诉了这个罪恶的社会，维护了自己的爱情理想。《醒世恒言》中的《卖油郎独占花魁》，写"市井之辈"秦重无法以地位、金钱去获得爱情，只能靠自己的真心去感动花魁娘子莘（shēn）瑶琴，最终他的爱情圆满成功。这篇小说说明了当时的市民阶层已逐渐抛弃爱情婚姻上的地位门第观念。另外，还有的描写了封建统治集团内部的斗争，愤怒谴责了封建统治者的罪恶。《喻世明言》中的《沈小霞相会出师表》，就是一篇直接反映封建统治集团内部忠奸斗争的小说。

"三言"中的拟话本在艺术上仍保持不少话本的特色,但却是文人创作,主要供案头阅读的,因而又有自己的特点。比起话本来,它们的篇幅大大加长了,主题思想比较集中,情节也更为曲折,尤其在人情世态的描绘上比话本丰富了许多。拟话本在艺术上的缺点是,小说中的矛盾冲突一般不如话本的直接尖锐,语言上文言成分增多了。

2. "二拍"

凌濛初(1580—1644),字玄房,号初成,浙江乌程(今吴兴)人。他的"二拍"共七十八篇小说。其题材不是来自现实生活,而是从古今书籍中搜求的,同时寓有劝惩之意。"二拍"中的很多作品,充斥着色情描写,以及因果报应思想和封建说教等。当然,也有少数作品反映了明中叶后的社会特点,如《转运汉巧遇洞庭红》,通过文若虚发财的经历,描写明代社会中商人海外冒险的理想,从而肯定了商人经商的行为。

## 第三节　清代小说

### 一、《红楼梦》

红楼梦是中国古代成就最高的一部长篇小说。它又名《石头记》等,共一百二十回,前八十回是曹雪芹所作,后四十回一般认为是高鹗续作。曹雪芹(约1715—约1764),名霑,字梦阮,号雪芹。曹家原本汉族,后依附于满族,逐

曹雪芹

渐成为皇家亲信。曹雪芹祖上三代曾在江宁为官六十多年，深得康熙皇帝的信任，又有深厚的家族文学传统。他的少年时代就是在这样的环境中度过的。雍正即位后，曹家卷入皇家争斗之中，其父被革职抄家，全家迁回北京，从此，曹家沦落到社会低层。曹雪芹遭家庭变故后，处境每况愈下，晚景更加凄凉，在北京西郊的荒村贫病而死。在《红楼梦》的写作上，他前后花了十年时间，五次增删，也只留下一部未完成的书稿。

关于《红楼梦》的思想内容，"爱情故事"和"封建衰亡史"两种观点最具代表性。若把两者结合起来，大致可以这样说：小说以贾、史、王、薛四大家族为背景，以贾宝玉、林黛玉的爱情悲剧为线索，全方位地展示了中国封建社会的面貌，歌颂了具有叛逆思想的青年的反抗行为，暗示了封建社会走向没落的历史前景。此书被誉为是一部中国古代社会的百科全书。

《红楼梦》善于刻画人物，千人千面，真实生动，个性鲜明。《红楼梦》中塑造了众多的人物形象，共计四百四十余人，几乎包括了古代中国所有阶层的人物。他们形态各异，各具个性特征。贾宝玉是小说中爱情婚姻悲剧的男主角。他是封建家庭的叛逆者，在与周围善良纯洁的女孩子们的相处中，他的性格逐渐定型。他把自己全部的热情和理想寄托在她们身上，而对封建贵族的生活极为厌弃。他大胆追求个性自由，喜爱平等友爱的生活，与封建礼教背道而驰，表现出了初步的民主主义思想。林黛玉也是一个封建贵族的叛逆者。她努力保持自己纯洁的个性，注重与宝玉之间的真挚感情。由于环境的黑暗，她表现出一种深深的忧郁、感伤情绪，因而这个角色的悲剧色彩更加浓烈。薛宝钗的身上则体现了封建主义的理想要求和人生道路。虽然她最终达到了与宝玉结婚的目的，但实际上无幸福可言。凤姐在小说中也是一个重要人物，在她身上既有心狠手辣的一面，也有办事精明干练的一面，是一个善恶并融的复合体。

《红楼梦》的结构艺术也是突出的。它打破了传统的取材方式，将社会高度浓缩在家庭的范围内加以整体展现。这样就把众多的人物和纷繁的事件有机地组成一体，形成一座筋络相联、纵横交错而又主次分明、有条不紊的宏伟建筑。每章每节不是一人一事地单线发展，而是总体展现；章节之间衔接自然、紧凑，往往伏笔于若干回之前，接应在若干回之后，即所谓"草蛇灰线，伏脉千里"。

《红楼梦》的语言艺术达到了空前纯熟的境地。其特点是不仅继承了古典小说的语言艺术传统，又吸收了当时北京地区的口语，达到了准确、洗练、形象、生动的地步，具有浓郁的生活气息和很强的表现力。其语言不仅丰富多彩，而且人物语言的个性化达到很高程度，人物对话无不切合其身份。如林黛玉的谈吐冷峭中蕴涵热烈，言辞少而含义深；薛宝钗则以应酬语见长，矫柔作态，却又几乎不见痕迹。

## 二、《聊斋志异》

《聊斋志异》是中国小说史上具有杰出成就的一部文言短篇小说集。作者蒲松龄（1640—1715），字留仙，别号柳泉居士，山东淄川（今淄博市）人。祖上科名不显，父亲弃儒经商，生活贫困。蒲松龄从小热衷科举考试，十九岁时一连考取县、府、道三个第一。此后却屡试不第，大半生在外设帐教学，七十岁归里，七十一岁才破例补为贡生①，四年后辞世。

蒲松龄

---

① 科举时代，挑选府、州、县生员（秀才）中成绩或资格优异者，升入京师的最高学府读书，称为贡生。

《聊斋志异》是在广泛采集民间传说、野史逸闻的基础上，又经过艺术加工再创造而成的。它反映了广阔的现实生活，内容极其丰富：暴露封建社会政治的黑暗、腐败；抨击统治阶级的罪恶；揭露科举制度的弊端；揭露封建婚姻制度的不合理；歌颂青年男女反对封建压迫，挣脱封建礼教束缚，争取婚姻自由等等。

《聊斋志异》是一部具有独特艺术风格的小说集，其中大多数是现实主义和浪漫主义结合的作品。这些作品一方面把花妖狐媚和幽冥世界组织到现实生活中来，通过人鬼相杂、幽冥相间的生活画面深刻地反映了现实矛盾；另一方面充分利用花妖狐媚和幽冥世界所提供的超现实力量，突出地表现作者理想的人物和生活境界，让好人好报，恶人恶报。这种特点构成了作品想象丰富奇特，故事变幻莫测，境界神异迷人的风格。它的艺术成就首先表现在塑造了一系列令人难忘的人物形象上。作者对这些人物的描写抓住其性格特征，同时还通过个性化的对话和生动的生活细节来刻画人物等。其次，善于结构故事，巧妙地安排情节。这部书中的小说情节皆曲折离奇，跌宕多姿，引人入胜。再次，作者还善于描写景色，不只画面鲜明，而且常常造成一种气氛、境界，更好地烘托出人物性格。最后，它语言精练，词汇丰富，句法多变。作者既用古代文学语言，又使用当时的口语方言，间用骈词俪语，使语言摇曳多姿。

### 三、《儒林外史》

《儒林外史》是中国文学史上第一部长篇讽刺小说。作者吴敬梓（zǐ，1701—1754），字敏轩，一字文木，又

吴敬梓

号粒民，全椒（今属安徽）人。祖辈多显达，从他的父亲开始，家道衰微。他早年热衷科举，曾考取秀才，后因科举不得意而厌弃功名富贵，生计越来越艰难。五十四岁时，吴敬梓在扬州去世。

《儒林外史》以反对封建科举制度和轻视功名富贵为其中心内容，主要描写了封建士大夫的生活和思想，讽刺了他们的迂腐和虚伪。这一切又是被放在一定的社会环境中去加以表现的，因而比较广阔地反映了当时的社会生活，揭示了整个封建礼教的腐朽和不可救药。小说一开始通过周进、范进中举前后的悲喜剧，抨击了科举考试制度。小说还描写了考取功名的人，做官就是贪官污吏，退职后即成土豪劣绅；也刻画了那些科场上名落孙山的所谓名士，指出他们实际上都是无聊之徒。另外，小说在揭露、讽刺之外，也描写了儒林圈外的小商人及手工业者的某些可贵品质，寄托了作者的理想。

在艺术上，首先，《儒林外史》继承了中国传统的讽刺艺术并有所发展。小说中的讽刺手法丰富多彩，令人目不暇接，对反面人物或予以冷嘲热讽，或突出他们的互相吹捧，或叫他们当场出丑，或让他们逐步暴露，或就人物语言行为的前后矛盾通过对比来讽刺等。小说正是这样通过一些夸张而不失真实的描写，让这些否定性人物原形毕露，从而尽情地加以嘲笑，无情地予以抨击。其次，小说的结构艺术也有它的独特之处。与一般通过几个主要人物来展现生活图景，反映一定社会现实的长篇小说不同，《儒林外史》通过众多的人物、不同的情节，来共同展现生活图景，反映一定的社会现实。同时，作者又运用了对比、照应等艺术手法，使作品的结构趋于完整、严密。再次，小说的语言准确、洗练而富于形象性，十分通俗易懂。

**四、晚清主要谴责小说**

1.《官场现形记》

全书共六十回，作者李宝嘉（1867—1906），号南亭亭长，江苏武

进人。这部小说写于清王朝走向总崩溃，中国由封建社会逐渐沦为半封建半殖民地社会的时期。作者站在改良主义立场上，描写清末一群官僚贪赃枉法、荒淫无耻、媚外求荣、残害百姓的丑恶行为。可以这样说，《官场现形记》就是晚清官僚统治集团的群丑图。如第五十三回写文制台见洋人一段，把文制台的洋奴嘴脸刻画得入木三分。在艺术上，小说用讽刺夸张的手法，揭露晚清社会的黑暗；结构类似《儒林外史》，把一些具有典型意义的故事连缀起来，交互穿插，错综复杂，一环扣一环，组织成一个整体。

2.《二十年目睹之怪现状》

全书一百零八回，作者吴趼人（1866—1910），名沃尧，广东南海人。小说以一位叫"九死一生"的人为主人公，描述了他在二十年中耳闻目睹的种种怪事，广泛地反映了清帝国走向崩溃时的图景。全书连缀一些短小的故事，直接揭露官场的腐败和社会的丑恶。如八十八回写一个叫苟才的官员，为了升官，竟将家中年轻守寡的儿媳妇送给制台大人做侍妾。小说还揭露了一些中下层社会的丑恶现象，对假才子、假名士等作了辛辣的讽刺。这部小说文笔生动，讽刺辛辣，在晚清的谴责小说中有很大影响。

3.《老残游记》

全书二十回，作者刘鹗（1857—1909），字铁云，江苏丹徒人。小说通过一个摇串铃的江湖医生老残在游历途中的见闻，揭露酷吏的暴政，特别揭露了以清官面貌出现的酷吏，较深刻地反映了现实。小说中着重描绘了玉贤、刚弼（bì）两个酷吏的形象，把他们的外貌情态、内在品质、心理活动等，都写得栩栩如生。小说在艺术上有一定的成就，特别是景物描写尤为出色，像大名湖的风光、黄河的冰雪、桃花山的月夜等，写得逼真生动。著名的"白妞说书"，更是写得传神。因此，此书在艺术上高出清末一般小说之上。

### 4.《孽海花》

全书二十四回，作者曾朴（1871—1935），字孟朴，江苏常熟人。小说以名妓傅彩云（后改名赛金花）的故事为主线，描写了清末京城内外达官名士的生活，展现出封建社会末世政治、经济、外交等较为广阔的社会图景，在一定程度上揭露了清王朝的腐朽和帝国主义侵略给中国带来的灾难。《孽海花》在晚清小说中是艺术性较高的作品之一，它的结构有其突出的特点。这部小说有贯穿全书的中心人物、中心线索；书中的一些故事既有相对的独立性又前后勾连，形成一个有机的整体。

**思考题**

1. 简述中国小说的起源和发展。
2. 《三国演义》的艺术成就是什么？
3. 《水浒传》在塑造人物形象上的特点是什么？
4. 谈谈孙悟空人物形象的意义。
5. 《金瓶梅》的艺术成就有哪些？
6. 《红楼梦》的艺术成就是什么？
7. 谈谈《儒林外史》的讽刺艺术。
8. 试述《聊斋志异》的艺术特色。

# 第十四章 明清戏剧

## 第一节 明代戏剧

### 一、明代戏剧概述

明代戏剧有两种形式：一是由元杂剧发展而来的明杂剧，二是由宋元南曲戏文发展而来的明传奇。

明初杂剧是元杂剧的余波。明初帝王比较重视戏剧，对剧中内容有严格的限制，并由朝廷张榜公布，体现了统治者对戏剧创作的思想导向，即戏剧的内容应有助于封建道德教化。这个时期的杂剧作家也已经从民间走向宫廷，自觉地为最高统治者的审美需要而创作杂剧。明宗室朱有燉（tún，1379—1439）的作品就是杂剧宫廷化、贵族化的代表。他的《诚斋乐府》包含三十一种杂剧，大多粉饰太平和宣扬封建道德。但其在杂剧形式上颇多创新之处，如打破一本四折和一人主唱的惯例，采用对唱、合唱和轮唱等形式，促进了杂剧自身艺术的更新。朱有燉的杂剧语言也质朴本色，音律谐和优美，比较适合舞台演出。

明中后期的杂剧实现了创作的转型。杂剧的创作主体由宫廷派作家转到文人士大夫，他们或终身布衣，或历经宦海沉浮，往往借助杂剧来排遣郁闷、宣泄情怀，所以杂剧创作体现出强烈的文人化、

# 第十四章 明清戏剧

抒情化的特色。这个时期的杂剧题材不断拓展，思想渐次深化，艺术形式也更加灵活多样。有名的杂剧有王九思（1468—1551）的《杜甫游春》、康海（1475—1540）的《中山狼》和徐渭（1521—1593）的《四声猿》。

宋元南曲戏文发展到明代改称传奇。元末剧坛产生了《琵琶记》和"荆、刘、拜、杀"等南戏名作，但明初传奇并未延续此等繁荣局面，相反却萧条沉寂。究其原因，主要是明初统治者采取了文化禁锢政策，严格控制传奇创作的基本思想倾向，使伦理教化之风甚嚣尘上，扼杀了传奇创作原有的勃勃生机。可喜的是，传奇在民间继续得到发展，一个突出表现就是海盐腔、余姚腔、弋阳腔、昆山腔这四大声腔于入明后广为流传，形成了明初传奇的一大景观。

到了嘉靖（1522—1566）年间，传奇创作开始出现了转机。以魏良辅（约1501—约1584）为代表的一批戏曲音乐家融合其他声腔之长，对昆山旧腔进行了成功改革，创造出一种纡徐婉转、流丽悠远的昆山新腔，昆腔从此成为传奇的"正声"。与此同时，大批文人涉足剧坛，并在传奇创作中占据主导地位。李开先（1502—1568）的《宝剑记》首开其风，梁辰鱼（1519—1591）的《浣纱记》和阙名的《鸣凤记》相互应和，后人将这三部传奇作品称为"三大传奇"，标志着明代传奇发展到了一个崭新的历史阶段，预示着传奇创作的高潮即将到来。这三部传奇作品中鲜明的忠奸斗争观念、强烈的政治参与意识和深广的社会忧患意识，成为其后传奇作品重要的时代主题。

从万历（1573—1619）年间开始，明代传奇进入了蓬勃发展的鼎盛期。汤显祖以遒劲之笔创作了"临川四梦"，尤其是他的《牡丹亭》，一举跃升到明代传奇的顶峰。沈璟（1533—1610）则致力于传奇音乐体制的格律化，努力确立昆腔新声在传奇创作中的一统地位，并以鲜明的戏剧理论主张开创了吴江派。

173

## 二、汤显祖和他的《牡丹亭》

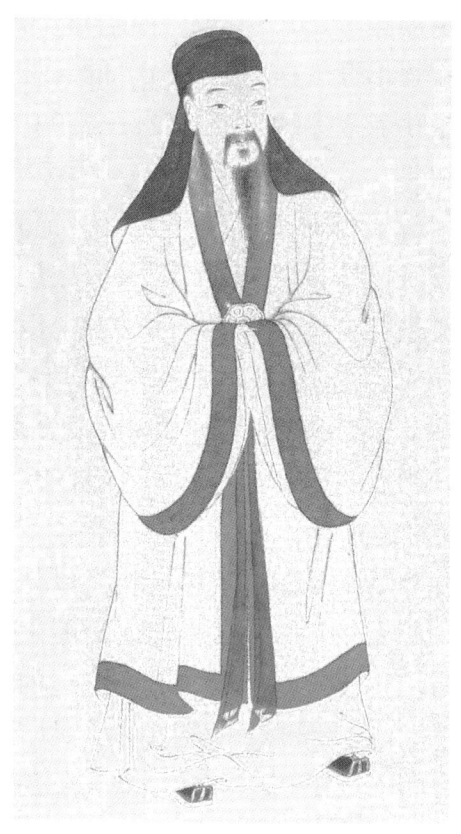

汤显祖

汤显祖（1550—1616），字义仍，号海若，又号若士、清远道人，江西临川人。他出身于世代书香之家，自幼聪明多智，五岁读书，十二岁能诗，十三岁学古文词，十四岁进学，二十一岁中举，三十三岁中进士。他性情耿直，热心政治，曾经与东林党人往来密切，敢于讽刺朝政，上书弹劾奸相及其爪牙。他曾经在浙江遂昌县做过五年县令，在当地抑制豪强，抨击搜刮民财的行为，减少法令条文，兴办书院，并放囚犯回家过年和看花灯。所有这些举动使他颇有官声，但为此也遭到上级官员的挑剔，他便告老还乡，从此不再为官。汤显祖早年以创作诗文为主，晚年辞官还乡后致力于传奇创作。他是明代著名的传奇作家，作有《紫钗记》、《牡丹亭》（又名《还魂记》）、《邯郸记》、《南柯记》四部杰出的作品。因为作品都写到梦境，汤显祖又是江西临川人，所以称"临川四梦"；又因为汤显祖书斋名曰"玉茗堂"，所以又名"玉茗堂四梦"。

汤显祖自称"一生四梦，得意处惟在牡丹"①。《牡丹亭》的故事梗概是描写杜丽娘与柳梦梅的爱情故事。宋朝太守杜宝之女杜丽娘，美貌多姿，才华出众。有一天，这位深居简出的大家闺秀私自游园，美

---

① [明] 王思任《批点玉茗堂牡丹亭叙》。

丽的春光让她生出无限的遐想,处在青春期的少女抑制不住内心春潮的翻涌。在游园后的昏睡中,她竟然梦见与一个英俊的少年男子柳梦梅相遇,并与之尽男女之欢。杜丽娘梦醒后,对梦中情人日夜思念,怅然感伤,精神恍惚,最终抑郁而死。杜丽娘临终前,自己画了一幅肖像,并在上面题了词。杜宝升官离任,葬杜丽娘于官衙花园。恰巧柳梦梅上京赴试时路过此地,并在花园中拾得杜丽娘临终前的那幅自画像。他观画思人,情不自禁,终于和杜丽娘的阴魂相恋。柳梦梅由此得知真情,于是挖墓开棺,杜丽娘起死回生,两人结为夫妇,双双赶赴京城临安。柳梦梅参加科举考试完毕后,带着杜丽娘寻找在京城当官的杜宝,而杜宝却拒不认可两人的婚事。这个时候,朝廷科举考试发下榜来,柳梦梅中了头名状元。可杜宝还是不为所动,依然反对这桩婚事,最后,在皇帝的干预下,杜宝不得不让步,杜丽娘得以与柳梦梅成婚,全家以大团圆结局。

《牡丹亭》通过描写杜丽娘和柳梦梅的爱情故事,大胆地肯定了男女间的"至情",把批判锋芒指向封建礼教,乃至"存天理,灭人欲"①的儒学伦理,歌颂了要求个性解放的精神。

《牡丹亭》的艺术成就很高。第一,它具有鲜明的浪漫主义特色,首先表现在幻想的情节上。杜丽娘与柳梦梅梦中相遇相合,以后由梦生情,由情生病,由病而死,死后再与柳梦梅相恋,并又还魂重生,两人终成眷属。故事情节经历了现实—梦幻—幽冥—现实的过程。这些离奇的情节是作者幻想的结果。其次,作品表现了强烈的理想主义色彩。作品中的主人公杜丽娘具有火一般的热情和对美好理想的热烈追求。作品赋予男女间的"至情"有超越生死的力量,并肯定了这种对"至情"的执着追求,让这种追求获得必然的胜利。作品不但描写了幻想的梦境和幽冥世界中理想的实现,而且又借还魂把这种理想描

---

① [宋]朱熹《朱子语类》。

写引回到现实中来,让理想在现实中实现,这就使理想主义得到了充分发挥。第二,《牡丹亭》中,人物形象鲜明,熔写景、写情和写人物心理活动于一炉。作品中极为生动地描绘了莺歌燕舞、姹紫嫣红的大好春光,展示了令人迷醉的大自然之美。青春少女杜丽娘徜徉其间,禁不住惊叹这动人的自然美景,让她深深感到那花草鸣禽、云霞烟波无不像人一样充满了感情。杜丽娘对春光的热爱,对青春易逝的惋惜,对爱情的向往和热烈追求的心理活动与春天的景象融为一体,烘托出一个爱大自然之美,追求爱情自由的女性形象。第三,《牡丹亭》的语言自然真切,生动传神,又优美含蓄,文采斐然,可谓本色与文采兼备的典范。

## 第二节　清代戏剧

清代康熙(1662—1722)年间出现的《长生殿》和《桃花扇》,作为清代传奇的双璧,使洪昇和孔尚任赢得了"南洪北孔"的盛名,同时也标志着传奇剧达到了高度的成熟,出现了最后的高峰。

### 一、洪昇的《长生殿》

这部传奇的作者是洪昇(1645—1704),字昉(fǎng)思,号稗畦,浙江钱塘(今杭州)人。他出身官宦家庭,少年聪慧,具有良好的文学修养。他二十四岁到北京求取功名,入国子监,后因不得意而返回故乡。不久家庭遭遇变故,他再度流寓北京,自谋生路。洪昇秉性清高,不随流俗,更不肯趋炎附势,在仕途上始终郁郁不得志,生活过得很清苦。他三十岁开始写作《长生殿》,前后写了十余年,稿子多次作了修改,终告完成。康熙二十七年(1688),剧作最后完成,立即引起清初文坛、剧坛的震动。关于李隆基、杨玉环的爱情故事,自唐代白居易《长恨歌》、陈鸿《长恨歌传》问世以来，一直是诗歌、小说、说唱、戏曲等多种文学形式反复袭用的素材。洪昇在前人的基础上，大胆突破，编写出《长生殿》这个较为完美的剧本，可以说此剧本是同类题材中最优秀的作品。

《长生殿》的思想内容是丰富复杂的，但它的中心内容是非常明确的，那就是描写李、杨爱情的发展，表达崇高的爱情理想，写"情"是主要的。《长生殿》第一出《传概》就一针见血地说："借太真①外传谱新词，情而已。"剧中"情"的象征物就是李、杨定情时，唐玄宗送给杨玉环的金钗、钿（tián）盒。这样的爱情信物曾经在剧中七次出现，几乎在每个重大关节都有金钗、钿盒，借此作为贯穿全剧的中心线索。因此，《长生殿》描写李、杨爱情作为中心内容的艺术构思是显而易见的。剧中描写李、杨爱情是在逐步发展中展开的，他们的爱情由浅而深，逐渐趋向专一和成熟，以致作者把故事的结局写成一方虽死，痴情犹在；一方虽生，为情所痛，由此而感动天地鬼神，得以共升仙宫，永久团圆。这种"情"显然已经超越了李、杨之间的具体爱情，而是带有一种普遍的意义。作品借此表达了一种崇高的爱情理想，并热烈歌颂之。但这并非是唯一的内容，剧中随着李、杨爱情的发展展现了安史之乱广阔的社会背景，描写了尖锐复杂的社会矛盾和政治斗争，使爱情和政治紧密结合，互为因果，互相推进，剧中巧妙地将两者有机地结合起来，取得了突破前人的成就。

《长生殿》在戏曲艺术方面是独具特色的。首先，它塑造了一批个性鲜明的人物形象，每个出场的主要人物无不各具性格特征。作者对这些人物不是观念性的简单描述，而是力求表现人物的多层次性。比如唐明皇专横恣纵，而又痴于"情"。再如杨贵妃恃宠娇纵，既有"狠"、"妒"的残忍，又有"媚"以"固宠"的骄矜，同时还表现了

---

① 太真是唐朝杨贵妃的号。

她对爱情追求的"精诚不散"。这样,就使杨贵妃的形象生动而又丰满。其他如杨国忠的奸诈暴虐,安禄山的虚伪狡黠(xiá),郭子仪的忠贞正直等,都给人留下深刻的印象。其次,它的结构艺术历来为人们所称道。其艺术结构虽然庞大,情节丰富,但作品并不显得杂乱无章。它以李、杨爱情为主线,以社会政治为副线,两条线索相互关联,紧密结合。另外,作者把李、杨爱情置于两个情节之中,一是现实之恋,二是人鬼之恋,而两者的分界在于"马嵬(wéi)之变",因而整个情节显得整然有序。再次,《长生殿》的语言以清丽流畅为基本特色。它文词优美,但不堆砌词藻典故,晓畅自然而又充满诗意。

### 二、孔尚任的《桃花扇》

孔尚任(1648—1718),字季重,又字聘之,号东塘,别号岸塘,自称云亭山人。山东曲阜人。孔子六十四代孙。他二十七岁以前一直谋官未成,隐居在家乡曲阜城北的石门山中读书,并精心钻研词曲乐律,也开始酝酿写作《桃花扇》。孔尚任三十七岁那年,恰巧康熙皇帝东巡,在曲阜祭孔,他被推荐到御前讲经,颇受康熙皇帝的赏识,御批"不拘定例,额外试用",于是第二年孔尚任赴北京任国子监①博士。以后随朝廷官员到江南治理水患,时间约有四年。这段经历使孔尚任丰富了见闻,了解了江南的风土人情,也加深了他对南明②王朝的认识,进一步搜集侯方域和李香君的生平资料,促使他把《桃花扇》写完。他回到北京后,虽然官位上升,但也开始厌烦官场生活,而把主要精力放在创作剧本《桃花扇》上。以后因事罢官,在京城住了三年后,回到家乡曲阜。七十一岁时病故。《桃花扇》是

---

① 国子监是中国古代隋朝以后的中央官学,是中国古代教育体系中的最高学府。
② 南明是中国明王朝灭亡后,明宗室先后在南方建立的一些地方性政权的统称。

孔尚任的代表作。为了这部剧本,他呕心沥血,三易其稿,花了几十年的心血,终于完稿。这部剧本写成后,受到各界普遍重视,并一直上演不衰。

《桃花扇》是一部以爱情故事为线索的政治历史剧,"借离合之情,写兴亡之感",即通过复社文人侯方域和秦淮歌妓李香君的悲欢离合,写出一幕南明王朝的历史悲剧。在这幕历史悲剧里,集中反映了明末腐朽、动荡的社会现实及统治集团内部的矛盾和斗争,揭露了统治阶级的腐朽堕落和为私利而误国的罪行,指出这是导致南明灭亡的主要原因。同时,《桃花扇》也歌颂了一些爱国将士和下层民众,表现了一定的民族意识和爱国思想。

《桃花扇》的艺术成就有三。一是在历史真实和艺术真实的结合方面取得了巨大的成就。此剧重视历史真实,但也并不拘泥于历史,在一些细节方面作了必要的艺术加工。这样,此剧从戏剧艺术的需要出发,完美地统一了历史的真实和艺术的真实。二是在人物塑造上也取得了新的成就。这部传奇塑造了众多的人物形象,有帝王将相、忠臣义士、风流才子、帮闲文人、艺人歌妓、贩夫走卒等。男主角侯方域风流倜傥,注重名节,关心国事。抗清失败后,他不事异朝,宁愿退隐修道。作为剧中的主要人物,这个艺术形象是完整的。李香君虽是一名歌妓,但她不为金钱所诱惑,不为权势所屈服,忠于理想,忠于爱情。在国破家亡之际,她放弃个人幸福,毅然走上了隐居修道的清苦之路。这个艺术形象是高大的。史可法虽出场次数不多,但这个人物有血有肉,大义凛然,忠勇有加,给读者留下深刻的印象。剧中的阮大铖(chéng)、马士英是两个反面人物,但他们各具性格:马士英以权势压人而无谋略,阮大铖奸诈狡猾,又富于才华。三是作品的结构十分精巧,具有极高的艺术性。全剧以侯方域和李香君的悲欢离合作为贯穿南明兴亡事迹的线索,把爱情和政治结合起来。因为有了这样精巧的结构,作品中描写的错综复

杂的社会矛盾和纷繁的历史事件就显得有条不紊，情节的展开和人物的活动变得更为有序。在侯方域与李香君的爱情这一线索中，巧妙地以一把扇子作为贯穿物，让它在情节发展的关键时刻多次出现，构成结构的核心。

 **思考题**

1. 《牡丹亭》的艺术成就是什么？
2. 《长生殿》的艺术特色是什么？
3. 《桃花扇》的艺术成就有哪些？